仕事が速い人はどんなメールを書いているのか

平野友朗

文響社

はじめに

「メールが多すぎて、他の仕事に手が回らない」

「どう返信すればいいのか、悩んでしまう」

「新着メールが届くと、ついつい気になってしまう」


みなさんは、仕事の中でこんな問題にぶつかったことはないでしょうか。

私たちが扱うメールの数は、日々増え続けています。その一方で、1通1通に対しては、スピーディーで質のよいやりとりが求められています。

もちろん、質を上げたければ時間を存分にかければいいのですが、それでは他の仕事をする時間が確保できません。

だからといって、用件のみを伝える事務的なメールばかり送っていれば、冷たい印象を持たれてしまいます。もしかしたら、相手を怒らせてしまうかもしれません。

このジレンマを、どう解消すればいいのでしょうか。

ここで少し、私の自己紹介をさせてください。

私は2005年に『あなたの仕事が劇的に変わるメール術』(ビジネス社)を出版して以来、ビジネスメールに関する執筆活動、啓発活動などを続けてきました。

それと同時に、メールのスキルアップからメールの効率化による業務改善まで、幅広いテーマの講演・研修を行ってきました。これまでに実施してきた講演・研修は、1000回以上になります。

ご依頼をいただくのは官公庁、企業、団体、学校などさまざまです。

これは、メールの書き方・送り方が、どの職場でも無視できない関心事となっていることを裏付けているでしょう。


こうした中で、最近、冒頭に挙げたように、「メールの処理が追いつかない」「1通あたりにかける時間を少なくしたい」といった声を多く聞くようになりました。

これは、働き方を取り巻く状況が、大きく変わってきたからでしょう。

近年、企業を中心に、職場で「残業NG」が推進されるケースが増えています。

その結果、限られた時間で、いかに仕事を速く回していくかが問われるようになってきました。

しかし、問題は、状況が変わったからといって、メールの通数が減るわけではない、ということです。

こうした矛盾がふくらんで、「メールを速く処理したい！」という切実な声が聞かれるようになったのでしょう。

私は、先ほどお伝えした活動の中で、数多くのメールを添削してきました。

例えば、ある企業では、外部に送信するメールをすべてＢＣＣで受け取り、24時間以内に添削してお戻しする、というアドバイスを行っています。

この企業の分も含めて、これまでに添削したメールの合計は、1万通以上。

もちろん、同じ内容は1通もありません。また、書いた人の性別、年齢、職種、立場などもバラバラです。

実は、こうしたメールは、

「この書き方では伝わらないだろう」

「どうして、こんな失礼な書き方をするんだろう？」

「こんな書き方をしたら、誤解されてしまうのに」

という残念なものが大半です。

ところが、なかには、長年メールに関する活動に携わってきた私が見ても、「うまいなあ」と思わずひざを叩きたくなるような優れたものが何通かあるのです。

また、私は毎日３００通ほどのメールを受信していますが、受け取るメールの中にも光るものがあります。

こうしたメールと関わる中で、私は、ある〝事実〟に気がつきました。

優れたメールを書く「達人」とやりとりをしていると、みな驚くほどメールの処理が速いのです。さらにいえば、彼らはメールだけでなく、他の仕事も素早くこなしていることがわかりました。

「仕事が速い人＝メールが速い人」

この原則が成り立つことを、強く実感したのです。

私自身もいかに速くメールを処理するかを意識しながら仕事をしています。

どうすれば１秒でも速く処理できるか。

やりとりを１回でも減らすにはどうしたらいいか。

そんなことを常に考えています。

その結果、今では１通あたりの処理時間を１～３分に縮められるようになりました。

こうした技術はまったく難しいものではありません。

ちょっとしたコツを知るだけで誰でもできるようになるのです。

そのコツとは、私自身の経験と、1万通を超えるメールの添削から導き出されたものです。

実践すれば、メールにかけている時間を一気に削減することができますので、ぜひ、試してみてください。

本書の内容がひとつでも多くみなさんのお役に立つことを願っています。

平野　友朗

『仕事が速い人はどんなメールを書いているのか』　目次

1 仕事が速い人のメール発想

2 目的を意識しながら書く

3 ビジュアルを工夫して読ませる

4

確実に返信を受け取る

5 相手の心に刺さる言葉を使う

6 メールの処理時間を削減する

1

仕事が速い人のメール発想

メールが速い人は仕事も速い？

「はじめに」でも書きましたが、私はこれまで1万通以上のビジネスメールを添削してきました。

必要な要素がきちんと盛り込まれているか、誤解を与える表現になっていないか、最低限のビジネスマナーが守られているか……。

こうした観点から、業種、職種、立場、年齢の異なる人たちのメールを13年間にわたって見てきたのですが、その中で、ある〝傾向〟があることに気づきました。

それは、「メールが速い人＝仕事が速い人」という事実です。

「当たり前じゃないか」と思われるかもしれませんが、これは、

《メールの処理が速い》

↓

《メール以外の業務に時間を割くことができる》

↓

《仕事がはかどる》

といった単純な話ではありません。

メールを処理するには、いくつものスキルが必要になります。

まずは、基本的なパソコンの操作能力。

1日に何十通ものメールを扱わなければいけない人が、1本指で危なっかしいタイピングをしていては、とても複数の案件を処理することなどできません。

しかし、タイピングがいくら速くても、それだけでは不十分。肝心なのは内容です。「文章力」や「語彙《ごい》力」がなければ、こちらの意図を正しく相手に伝えることはできません。

また、書かれていること（受信メール）を読んで、素早く内容を把握する「読解力」も必要です。返信を書くときはもちろん、上司に報告するときには、「要約力」が求められます。

メールで仕事をスピーディーに回していくには「段取り力」が不可欠ですし、メールのやりとりをコミュニケーションの一部と考えれば、相手に対する「気遣い」や「配慮」もほしいところです。

勘のいい人はおわかりでしょうが、これらはビジネスのさまざまな場面で求められるスキルばかり。つまり、メールの扱いにはビジネスのエッセンスが詰まっていると言っても過言ではないのです。

したがって、本文の書きぶりを含め、メールをどう処理するかを見れば、その人のビジネスセンスが如実にわかってしまいます（余談ですが、新入社員の選考にあたっては、メールを何通か書かせてみるほうが、学力テストや小論文よりよほど仕事の適性がわかる……というのが私の考えです）。

このように考えれば、メールの処理の巧みさが仕事の質と速さに深い関係を与えているのは明らかなのですが、このことはどの職場でもそれほど強く認識されていない気がします。

なぜでしょうか。

それは、「メールを書く（読む）」という行為が極めて個人的な行為であり、そこで使われている技術や工夫が外からはわかりにくいからです。

電話のやりとりならば、人から学ぶことができます。おかしな受け答えをしていれば、そばで聞いていた上司や先輩から指摘を受けるでしょうし、他人が話しているのを聞けば、言い回しや表現などを参考にすることができます。

しかし、メールは、他人がどのタイミングでどんな文面を送っているのか、その意図を知るすべがほとんどありません。

また、多くの人が、コミュニケーションの手段として、あまり深く考えることなくメールを使っています。これもメールの重要性をわかりにくくさせている要因でしょう。

仕事がデキる人ほど、緻密に計算され、全体の流れを意識したメールを書いているのですが、メールにあまり価値を置いていない人には、そこに隠された意図が見えないかもしれません。

だから、メールを書くのが遅い人や、そのことで業務全体に支障が出ている人ほど、問題に気づきにくいという側面があります。

1通のメールを1時間かけて書いていても、傍から見れば仕事をしているように見えてしまう。あるいは、メールで相手を怒らせても、「たまたま機嫌が悪かっただけですよ」と言えば、上司も納得してしまう。こうして問題が見えづらくなっているのです。

現代のビジネスはメールの存在なくしては考えられません。

それだけ仕事における重要度は高いのに、何をどう送るかは、個人のスキルに依存し、完全にブラックボックス化しています。ならば、そのボックスを解体しなければいけません。そこで、ここからは、「仕事が速い人」と「メール」の関係を、さらに深く掘り下げていきたいと思います。

仕事が速い人の発想①
「主導権」を握る

ここまで〝仕事が速い人〟という言葉を何度も使ってきましたが、「そもそも、仕事が速い人って、どんな人？」という疑問が出てくるでしょう。

仕事が速い・遅いというのは主観的なものですから、唯一の正解を提示するのは難しいかもしれません。

ただ、みなさんのまわりにも、

「あの人は、いつも段取りがいいなあ」

「あの人、毎日定時にあがるけど、やることはきちんとやって帰るんだよね」

という人がいるのではないでしょうか。

確かなことは、仕事が速い人とそうでない人には明らかな差があり、前者は特別なことを意識しながら仕事をしている、ということです。

実際、これまで私がお会いしてきた起業家や、研修などで関わった優秀なビジネスパーソンを思い起こすと、共通する〝考え方〟があるように感じます。

そこで、仕事が速い人はどんなことを考えているのか。

そして、それがメールの処理とどう関係しているのか。

これらをお伝えすることで「仕事が速い人」の輪郭を明確にしたいと思います。

＊　＊　＊

仕事が速い人が常に考えていること、ひとつめは、仕事における「主導権」です。

言うまでもないことですが、仕事は「待ち」の姿勢ではうまくいきません。

例えば、営業の仕事なら、お客様にアプローチをした後、何もフォローをしなければ契約には至りません。

私は社会人になって最初に入った会社で、営業職を経験しました。このとき、相当な数の見込み客にアタックしたのですが、反応がなかった相手に対しては、「興味を持ってもらえなかったんだ」と落胆し、それ以上追いかけることをしませんでした。

ところが、これは後になってわかることですが、反応がなかったのは「興味がなかったから」ではなかったのです。たまたま「タイミングが悪かった」というケースもありました。

相手から反応がなくても、あきらめずに働きかけていれば、違う展開があったかもしれません。これは、私が仕事の主導権を握れていなかったということです。

誤解されがちですが、主導権を握るとは、相手を支配することではありません。自分から積極的にコミュニケーションをとり、仕事が先に進むように先手を打っていく、ということ。

仕事を速く回す人たちは、常にこの意識を持っているのです。

それは、メールを処理する場面でも例外ではありません。

メールの処理がうまくない人は、基本的に「受け身」の姿勢なので、メールに振り回されがちです。

だから、新着メールが届いたというアラートにもすぐに反応してしまいます。あるいは、メールのやりとりをチャットのように延々続けたり、相手からの返信をただ待っていたりするだけで、仕事がまったく進みません。

これらはすべて、「外」の要因に引きずられて、メールをまったくコントロールできていない状態だと言えるでしょう。結果として、メールの処理だけに多大な時間を費やすことになるのです。

そもそも、届いたメールをすぐにチェックしなければならない理由などありません。

仕事が速い人は、そのあたりを正しく理解しています。

だから、メールをチェックするタイミングは自分でコントロールしていますし、返信するタイミングも、自分の仕事に合わせて一定のルールを設けています。

込み入った内容であれば、メールを使わずに、すぐに電話をかけるでしょう。

仕事が速い人は、メールに縛られていないのです。

手元に「要返信」のメールを残したまま1日の仕事を終えるようなこともしません。「要返信」のメールを保有しているということは、その返信を待っている相手の仕事を停滞させることになるからです。

仕事が速い人の発想②
ムダなことを排除する

仕事が速い人は「ムダ」を嫌います。

ここで言うムダとは、本来ならしなくてもよかったのに、段取りが悪かったために発生してしまったあらゆる作業のことです。

仕事が速い人は効率を優先しているので、ムダが生じることによって仕事が停滞することを嫌います。

最短距離で目的地にたどり着くには、いつ、何をしなければならないのか。

そんなことを考えながら、仕事に向き合っています。

だから、仕事が速い人は、メールにおいても極力ムダをなくそうと考えています。

そのベースにあるのは、メールの処理時間をどれだけ短くできるか、という思考。

メールの処理時間は、おおむね次のような式で計算できます。

処理時間＝メールを読む時間×通数＋メールを書く時間×通数

1日に平均20通のメールを受信、10通のメールを送信している人がいるとしましょう。

この人は、1通につき、約10分の時間をかけてメールを作成しています。

この場合、メールの作成時間を5分に短縮できたとしたら、どうでしょう？

あるいは、扱うメールの数を半分に減らすことができたら？

それだけで、処理時間は半分に削減できます（もちろん、理論上の話ですから、そ

メールの処理時間　どう計算する?

メールの処理時間

＝

メールを読む時間

×

通数

＋

メールを書く時間

×

通数

例　1日平均20通のメールを受け取り、その半分に返信する。
読む時間は約1分。書く時間は約10分。

1分×20 ＋10分×10＝120分（→2時間）

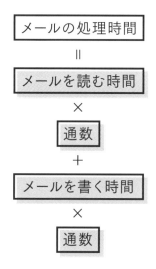

う簡単にはいきませんが）。

このように考えると、処理時間を減らすために重要なのは、いかにムダなことをしないか、だとわかるでしょう。

例えば、仕事が速い人は、

「……であれば、一度、関係者で集まって打ち合わせをしましょうか？」


という投げかけで終わるメールを送りません。

なぜなら、打ち合わせに相手が同意してくれたら、そこからまた、スケジュールを決めるためのやりとりをすることになるからです。

しかし、最初に自分の日程を伝えておけば、1往復分のムダが削減できます。

自分の予定を先に伝えることを、「強引な印象を与えないだろうか」と心配する人がいますが、それは杞憂でしょう。むしろ、メールの通数を減らして相手の作業量を軽減してあげるべきです。

相手とのやりとりがいつまでも続いてしまう場合にも同様のことが言えます。

「ありがとうございました」というお礼のメールに、「とんでもないです。これくらいはお安い御用です。また、何かありましたら……」と続ければ、相手はこのメッセージにまた返信したくなるかもしれません。そうなると、メールのラリーが止まらなくなってしまいます。

新たなやりとりが発生しそうなら、返信せずに「受け止める」のも相手に対する気遣いでしょう。そして、それが結果的にメールの通数を減らすことにつながるのです。

また、説明がわかりにくいのも、ムダなメールのやりとりを生む原因のひとつ。理解できなければ、相手からは「先ほどいただいたメールで確認したいことがあるのですが……」というメールがくるでしょう。

きちんと伝わらなかったために、本来なら必要のなかったキャッチボールが発生してしまうのは、大きなムダだと言わざるを得ません。

だから、仕事が速い人ほど、わかりやすく説明することに力を注ぐのです。

どんな人にも理解できるように説明するのは簡単ではありませんが、少なくとも誤解なく伝えようと意識するだけで、ムダなメールは確実に減らせるのです。

仕事が速い人の発想③

優先順位をつけない

仕事が速い人ほど、作業に優先順位をつけません。

意外に思われるかもしれませんが、これが私の実感です。

デッドラインまでの日数、かけなければならない手間、関係者の数などの観点から、仕事の重みに差が生まれるのは当然でしょう。

ところが速く仕事を回している人ほど、そこに優先順位をつけていません。

これは私自身も実践しているのでよくわかるのですが、優先順位をつけている間に目の前の仕事にとりかかるほうが、速く仕事を片付けることができるのです。

優先順位を考える必要のない典型的な例がメールです。

仕事が速い人は、返信するメールに優先順位をつけていません。

受信トレイに届いたメールを、届いた順番に淡々と返していきます。そして、関連する作業にもすぐに着手します。

例えば、最初に開けたメールが「ウェブサイトの記事を修正してほしい」という内容だったとしましょう。修正にかかる時間は10分程度です。

こういう場合、他に案件を抱えていれば、「承知しました。○時までには対応いたしますので少しお待ちください」と返信するかもしれません。

しかし、仕事が速い人は、この案件から先に着手します。

「○時までには対応いたしますので……」と返信するのが悪いわけではありません。ただ、後で時間ができたらやろうという発想は、単に問題を先送りすることになるため、危険です。作業時間を考えれば、内容を把握したときにすぐとりかかるほうが効率的でしょう。

・どの案件を優先させたらいいか？
・誰のメールを先に返すべきか？
・どのメールを後まわしにするのか？

そんなことを考えているのは時間のムダ。

それなら、手元に抱えているものを順番に終わらせていけばいいじゃないか。

これが、仕事が速い人の発想なのです。

余談ですが、仕事が速い人ほど机の上が片付いているという特徴があります。

そして、そもそも机の上にあまり物が置かれていません。

人の集中力には限界がありますから、机の上の資料やパソコンに貼った付箋、カレンダーなどが目に入ると、

「あれ？　△△社に持っていく資料を出力していない！」

「そうだ！　○○さんとミーティングの日程を調整しなきゃ」

と、いろいろなことが気になり始め、メールを書くのに集中できなくなります。

そうならないためにも、作業の邪魔になりそうなものをできるだけ排除しているのでしょう。

案件の大小や相手が誰であるかはいったん忘れて、仕事全体をフラットに考える。

これができるようになれば、メールの処理も徐々に速くなっていくはずです。

仕事が速い人の発想④
相手の思考を先まわりして考える

相手が知りたいこと・興味があることは何か、先まわりして考える。

これも仕事が速い人の特徴のひとつです。

家電量販店でパソコンを買う場合を例に考えてみましょう。

通常、店員さんからは、「何かお探しですか?」という漠然とした質問があります。

店員さんは、「買う気があるのか?」「どのメーカーがいいのか?」「デスクトップかノートか?」「パソコンに詳しいのか?」など、いろいろと聞きたいはずです。

そこで先まわりして、「今使っているのがデスクトップなので、持ち運びに便利なノートパソコンを探しています。予算は最大25万円くらいに収めたいです」と伝えたら、どうでしょう?

このように条件が整理されるだけで、相手もアドバイスがしやすくなります。

当然、買い物にかかる時間も短縮することができます。

仕事が速い人は、こうしたことをメールでも実践しています。

例えば、次のようなメールを送ったとしましょう。

「貴社のウェブサイトを拝見し、ご提案があってご連絡いたしました。弊社のサービスをご活用いただければ、アクセス数は月に1万件程度増えると予想されます。ご興味ありませんか?」

こんなメールを送れば、アクセス数の低下に悩んでいる人に興味を持ってもらえるかもしれません。しかし、興味を持った人からは、こんな返信がくるでしょう。

「そこまでアクセスが増えるのはすごいですね。ただ、コストが気になるところです。料金プランについて詳しく教えていただけませんか？」

では、最初から次のように書かれていたとしたら、どうでしょうか。

「貴社のウェブサイトを拝見し、ご提案があってご連絡いたしました。弊社のサービスをご活用いただければ、アクセス数は月に1万件程度増えると予想されます。しかも、コストは月額5000円程度。専任のコンサルタントが、毎週貴社のウェブサイトを……」

一般的に、導入にあたって懸案事項となるのはコスト面。その情報をあらかじめ盛り込んだ、かゆいところに手が届くようなメールです。

このように、相手から発せられるであろう疑問に先にふれておくことで、その後のメールの通数を減らすことができます。その意味では、前述の発想②「ムダなことを排除する」に通じる考え方かもしれません。

仕事が速い人が気をつけている5つのポイント

仕事が速い人のイメージが、何となくつかめてきたでしょうか。

どうすれば一番効率的かを考え、そのための段取りを整えた上で、自分から仕事を牽引していく……。これが私の考える「仕事が速い人」のイメージです。

ところで最初に述べたように、「仕事の速さ」と「メールの処理速度」の間には、密接な関係があります。

私がこれまで数多くのメールに関わってきてわかったのは、仕事が速い人には、メールを処理するときにとくに意識しているポイントがある、ということです。

それが、「目的」「ビジュアル」「返信しやすさ」「言葉」「処理時間の削減」の5つです。

これらはすべて2章以降の章テーマになっているので、詳細は後ほどご説明するとして、ここではそれぞれの項目について簡単にふれていきましょう。

まずは、「目的」。

ビジネスメールには、「なぜ送るのか？」という明確な「目的」が存在します。

- **アポを取る**
- **打ち合わせのスケジュールを調整する**
- **仕事の進捗を報告する**
- **業務の進め方を相談する**
- **資料を送付する**

このような「目的」があるから、私たちはメールを送るのです。

ところが、メールの文面を整えることに必死で、目的を見失ってしまう人がいます。そういう人のメールは、相手にとっては何を要求されているのかよくわからない内容になり、伝達がスムーズにいかなくなるのです。

すでに関係性が築けている同じ職場の人や、一緒にプロジェクトを進めている人なら、「こういうことが言いたいのかな」と欠落した部分を埋めてくれるかもしれません。

しかし、関係がそれほど深くない人や初めてメールを送る人に、見えない部分を埋めてもらうのは難しいでしょう。だからこそ、メールを書く前に「目的」について考えてみることが必要なのです。

2つめは、「ビジュアル」。

人がメールを開封した後、そのメールを読むかどうかは何で決まるでしょうか。

内容でしょうか?

いいえ、見た目です。

1行の文字数が適度な長さであり、文中に読みやすさを意識したスペースがある。そんなメールであれば、ストレスなく読み通すことができます。

反対に、文字がギッシリ詰まっていて改行もされていないようなメールは、一目で読む気が失せてしまう。

開封した瞬間、受け手に「読みやすい」と思ってもらえれば、そのメールは読んでもらえます。逆に「読みづらい」と思われれば、読んではもらえません。あるいは、後まわしにされます。

相手が読む・読まないを決めるのは、一瞬です。だからこそ、仕事が速い人は、自分のメールの優先度を高めてもらうために、ビジュアルにこだわるのです。

また、たいていの仕事では、相手から回答を受け取らなければ進められません。必要な返信を、必要なタイミングで受け取れなければ、仕事が停滞してしまいます。

だとすれば、目指すのは「返信しやすさ」でしょう。

これが3つめのポイントです。

じっくり考えないと返信できないようなメールは、優先順位を下げられてしまいます。その結果、相手が返信を忘れてしまうかもしれません。スピーディーなレスポンスを受け取るためには、「返信しやすさ」が不可欠なのです。

では、どんな書き方であれば、返信を促すことができるのでしょう？

そこで大切になるのが、4つめのポイント、「言葉」のセンスです。

スムーズに返信してもらうには、件名や本文に「相手の心に刺さる言葉」「相手の心を動かす言葉」を使わなければいけません。

「相手の心に刺さる」とは、言葉がスルーされないで、確実に相手の記憶に残ること。

「相手を動かす」とは、こちらが望むような行動を促すことです。

とはいえ、何でもストレートに書けばいいというわけでもない。

稚拙な表現を使えば、ビジネスパーソンとしての能力が疑われてしまいます。

その一方で、形式ばった言葉遣いでは、堅すぎる印象を持たれてしまう。

なれなれしくならない程度に、距離を縮める工夫も必要なのです。

以上を踏まえて、最終的に仕事が速い人が心がけていることは何か。

仕事が速い人が気をつけているポイント

①そのメールを送る目的は何か?

②相手が読みやすいビジュアルか?

③返信してもらえる内容か?

④相手の心に刺さる言葉を使っているか?

⑤処理時間の削減を心がけているか?

それが、最後のポイント、「処理時間の削減」です。

メールの処理時間を減らすことは、いくつかのアプローチで実現できます。

例えば、返信にかかっている時間を短くするのも、そのひとつ。

そもそも返信にかける時間は、どれくらいが適正なのでしょうか。

内容にもよりますが、簡単な報告や相談への返事、打ち合わせのスケジュール調整といったものであれば、だいたい1〜2分程度だと私は考えています。

「そんなに速く書けませんよ！」という人も多いでしょうが、コツをつかめば難しいことではありません。

重要なのは、手元に〝ボール〟を持たないように、「きたらすぐに打ち返す」という心構えでメールと向き合うことなのです。

＊　＊　＊

では、ここで挙げた5つのポイントについて、どんなことに気をつければいいのか。

次章から具体的に解説していきましょう。

2

目的を意識しながら書く

すべてのビジネスメールには「目的」がある

ビジネスメールは、どんなものでも「目的（＝何のために送るのか）」がありま す。もし目的が不明確だと、相手にこちらの意図や要望を正しく伝えることができま せん。

仕事が速い人は、これが業務の停滞につながることをよく知っているので、常に〝何のために送るのか〟を意識しています。

当然ですが、メールを送る目的は、仕事の内容によってさまざまでしょう。

営業職であれば、会ったことのない人や一度顔を会わせたことがある程度の人に、面会の約束をするためにメールを送ることがあります。

依頼なら、最終的な目的はその仕事を引き受けてもらうことですし、謝罪なら、お詫びの気持ちを受け入れてもらい、今後も取引を継続できる状態にすることが目的になります。

また、クレームなら、問題が発生した理由や今後の対応を説明してもらうことが目的であり、上司への相談なら、事実関係を理解してもらった上で、次のアクションを指示してもらうことが目的のはず。

ところが「メールが苦手だ」と感じている人の多くは、この目的を見失っているように思えます。

メールを送ることにばかり意識が向いていて、自分は何のためにこのメールを送るのかという意識が、スッポリ抜け落ちているのです。

例えるなら、「会議をすることが目的になっている会議」のようなもの。

会議を成功させるコツは、議題（テーマ）をあらかじめ設定しておくことです。

「売上アップ」というテーマが設定されていれば、数字が伸びない要因を分析し、具体的にどうすれば達成できるかを話し合いながら、「結論」が導き出されるでしょう。

しかし、「会議をすることが目的の会議」は、〝とりあえず集まること〟が目的になっているため、どれだけ話し合っても結論が出ません。

メールもまた然り。

送ることが目的になってしまうと、受け取る側もどうすればいいのか、何を求められているのか、よくわからないという状況が生まれます。

例えば、不動産業界の営業をしている人が、「モデルルームの見学会のご案内」というメールを見込み客に送ることがよくあります。

このような場合、目的は「見学会に来場してもらうこと」ですから、そのための案内を送ることになるでしょう。

ところが、メールを作成しているうちに、「見学会の開催を通知すること」が目的にすり変わってしまう人が少なからずいるのです。

この場合、メールには、日時や場所、予約が必要なのかどうか、必要なら、どのような手段をとればよいのか（電話なのかメールなのか）という、一般的な情報が盛り込まれます。

ただし、これで終わってしまうと、やや物足りないメールです。

ただの「通知」になっていて、相手に来場してもらうための動機付けや仕掛けがすっぽり抜け落ちているからです。これでは読んだ人に「行きたい」とは思ってもらえません。

「行きたい」と思ってもらえるメールにするには、「通知すること」ではなく、「見学会に来てもらうこと」が〝最終ゴール〟だと意識することが大事なのです。

その点を意識して書かれたメールには、なぜ、今のタイミングで声をかけたのか、なぜ、その見学会を薦めるのか、といった情報がきちんと盛り込まれています。

送る側は「興味があるなら返信してくれるだろう」程度に考えているのかもしれま

せん。しかし、その期待は甘すぎます。残念ですが、「返信する必要ナシ」と思われて、削除されてしまうのがオチでしょう。

そうならないためには、送信前に自分のメールを読み返して、目的を達成できるメールになっているかどうか、確認してみることです。

ちなみに、言うまでもないことですが、「来場してもらう」という目的が実現したら、その先には「物件に興味を持ってもらう」という目的があり、さらにその先には「成約につなげる」という最終目的があります。来場してもらうことは、最終目的までのステップにすぎないのです。

企業から依頼される研修の場でも、目的が忘れられていることを強く実感します。参考までに、過去のメールを見せてもらうと、何をどうしたいのかがよくわからないものがほとんどです。

そこで、「このメールであなたの目的は叶えられると思いますか?」と聞くと、たいていの人が「ダメだと思います……」と答えるのです。

自分で書いたメールを客観的な視点で読むと、目的が達成できないことに気づくのでしょう。

「目的」を伝えるために必要な6W＋3H

では、どうすれば目的を達成するメールが書けるのでしょうか。

先ほどの「モデルルームの見学会に来てほしい」という例なら、場所や日時、予約方法といった基本情報が必須であることは言うまでもありません。

しかし、こうした情報が入っていたからといって、その物件に最初から興味がある人以外、「行ってみたいな」という気持ちにはならないでしょう。

そこで必要となるのが「３Ｗ」です。

Who……誰が
What…何を
Why……なぜ

最初の「Ｗｈｏ（誰が）」は、メールを送る相手を意味します。

このとき、「相手と自分との関係」や「面識があるか否か」「年齢」「家族構成」など知り得ている情報を見直します。

「田中さんは、前に一度だけ別のモデルルームの見学に来ている。確かそのとき、『家族3人が住める新築マンションを探している』と言っていたなあ」

「そう言えば、予算を見直してでも納得できる物件を探したいと言ってたっけ」

こんな情報をピックアップします（細かいことまで思い出せるように、顧客情報を整理し、メモを残しておきたいものです）。

この場合、次の「Ｗｈａｔ（何を）」は、「田中さんが求めている条件に合致しそうなモデルルームの見学会」が当てはまります。

そして、最後の「Ｗｈｙ（なぜ）」は、「田中さんが探していたから（ご案内する）」となるでしょう。

この「３Ｗ」が網羅されていることで、田中さんは「覚えていてくれたんだ！」とうれしくなるはずです。

そのことで、このメールに好感を覚えるでしょうし、まだ希望の物件が見つかっていなければ、「見学会に行ってみようかな」と思うのではないでしょうか。

この「３Ｗ」にさらに情報を加えると、より効果的な伝達ができます。

それが、「６Ｗ＋３Ｈ」です。

「3W」に、「3つのW」が加わり、

When……いつ
Where…どこで
Whom……誰に

これに、次の「3つのH」が追加されます。

How to……どうやって
How many…いくつ
How much……いくらで

これを活用して伝えたい情報を整理しましょう。

メールの目的によって盛り込む情報は変わりますが、必要な6W＋3Hが入っていれば、メッセージは確実に届きます。

情報に過不足がないので、相手もすんなりと理解でき、「わかりやすいメールだ」

情報が確実に伝わる6つのWと3つのH

6つのW

- When（いつ）
- Where（どこで）
- Who（誰が）
- Whom（誰に）
- What（何を）
- Why（なぜ）

3つのH

- How to（どうやって）
- How many（いくつ）
- How much（いくらで）

という印象を与えられるようになるのです。

メールを送る前にシナリオをつくる

仕事が速い人とそうでない人では何が違うのか。

私が一番のポイントだと感じているのは、前章でもふれた「先まわり」の力です。

先まわりができれば、送ったメールに相手がどんな反応をするのか、どんなアクションを起こすのか、想像することができます。

なぜ、それができるのでしょうか。

仕事が速い人は、頭の中で「シナリオ」を組み立てて、仕事の全体像を俯瞰しているからです。だから、どんなアクションも後手に回ることなく、漏れなく対応できるのです。

シナリオとは、最初のアクションから作業終了（クロージング）までの具体的なステップのことです。

左の図を見てください。例えば、ある商品・サービスを薦める場合、こんなシナリ

シナリオの組み立て方

公式サイトのフォームから資料を請求された

資料発送の通知

資料をお送りします。到着は11日を予定しています。

資料到着の確認

先日、資料を郵送しましたが、ご覧いただけましたか？

トライアルの呼びかけ

・デモ機を使ってみませんか？
・仮パスワードを発行するので使ってみませんか？

面談の依頼

いかがでしたか？
一度お会いして商品（サービス）の詳しいご説明をさせてください。

スケジュールの調整

ご都合のいい日時を教えてください。

リマインド

明日の15時にうかがいます。

感謝

先日はお忙しいところ、お時間を割いていただき、ありがとうございました。
お知らせいただいた条件で仕様をまとめました。

オが考えられるのではないでしょうか。

このように、先々のことが見えていれば、どのタイミングでどんなメールを書けばいいのかがわかるでしょう。

ところがシナリオが描けていない人は、上司から言われて初めてアクションを起こします。

「あの件、どうなってる?」

「まだ、返事がないです……」

「じゃあ、もう1回メールするか、電話しておけよ」

「わかりました。しておきます」

こんな感じでしょうか。

仕事の進行を自分がコントロールしているという意識がないのかもしれません。

こういう人は、相手から返信がないと、すぐにあきらめてしまう傾向があります。

実際に送ったメールを見ながら書き方を指導する研修で、「この後、どんなメールを送ったんですか?」と聞くと、ほとんどの人が「返事がなかったので何もしていません……」と答えるのです。

これではもったいない。

相手はこちらが送ったメールを読んでいないかもしれません。

あるいは、読んだけれど、忙しくて返信するのを忘れているのかもしれません。

もしくは、返事をもらっているのに、こちらが見逃しているのかもしれません。

それなら、きちんと働きかければ、次のステップにつながるはずです。

この章のテーマをもう一度思い出してください。

メールは「目的」があって送るものでした。ですから、目的が達成されなかったときには、何らかのフォローをしなければいけません。

もし、相手から返事がこなかったら、改めてシナリオを確認して、次の打ち手（行動）を考えましょう。

49ページの例なら、「面談の依頼」を送って返信がこなかった場合、イメージしていたものと違っていたのか、「トライアル」で何か問題があったか、そもそも忙しくてメールを読んでいないのか、いくつかの選択肢が予測できるはず。

それならそれで、次に送るメールの内容が見えてきます。

シナリオは、仕事を進めるにあたって「地図」のような役割を果たすもの。

問題が起きたときに、どこに向かうか再確認するためにも、事前に描いておくことをおすすめします。

先まわり力を駆使してメールを書く

先ほど、仕事が速い人は「先まわり力」があると書きました。それは、仕事全体に関してだけではなく、1通のメールを作成するときにも発揮されます。

メールを書くときに、そのメッセージを相手がどう読むのか、どう感じるのかを想像してみる。その上で、相手が感じるであろう疑問を察して、その疑問を解消するような一文を入れておく。

「あの人なら、きっとこんな質問をしてくるだろうから、補足しておこう」

「新規のお客様だから、この部分は詳しく説明しておこう」

こんなふうに、相手の心の動きを想像しながら、うまく理解できるように誘導していくのです。

仕事が速い人は、メールが一方的な伝達になりやすいことをよく理解しています。だからこそ、相手が間違った理解をして、行き違いやムダなやりとりが生まれないように、十分配慮してメールを作成しているのです。

ところが、先まわりできない人は、自分の言い分だけを一方的に書いてしまいま

相手の反応を想像しながらメールをする

改善前

山田さん

お疲れ様です。平野です。

来週の会議の資料の件です。

いつも通り参加人数分、印刷をお願いいたします。

平野友朗

何の資料だろう？
来週の会議って何だっけ？

いつも通り？
人数がわからないよ

相手の反応を想像する

⇓

改善後

山田さん

お疲れ様です。平野です。

来週（2/10）の営業部定例会議についてご連絡いたします。

会議で配付する資料の印刷をお願いいたします。

資料：営業部フォルダの「0210資料.pptx」
参加人数：12名（＋予備2部）
印刷方法：モノクロ2in1、片面
期限：2/9（木）17:00

印刷が完了したら、私の机の上に置いておいてください。

よろしくお願いいたします。

平野友朗

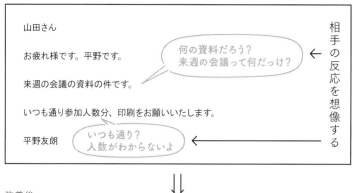

す。だから、相手が知りたい情報が抜け落ちてしまう。その結果、情報が十分盛り込まれていればされないはずの質問をされてしまうのです。

一番効果的なタイミングでメールを送る

仕事が速い人は、メールを送る〝タイミング〟にも敏感です。

「メールにタイミングなんてあるの？」と思われるかもしれませんが、お礼のメールで考えてみるとわかりやすいかもしれません。

取引先の担当者と会って、打ち合わせをしたとしましょう。このお礼をメールで送る場合、会って5日後に送っても意味がありません。

どんなに丁寧なメールでも、遅れてメールを送ったところで、「出さないよりはマシ」という程度の効果しかありません。

また、打ち合わせをした後で内容の要約を送ることがありますが、これも相手に「速いな！」と思わせられるのは、打ち合わせが終わってから、せいぜい翌日まででしょう。3～4日経ってからでは、相手の記憶もあいまいになっていますから、「こんな内容でしたっけ？」という齟齬が生まれる可能性もあります。

私がメールのタイミングをこれほどまでに重視するようになったのは、ある人のメールを添削したことがきっかけでした。

その人のメールは、１００点満点に近いほど素晴らしいメールだったのですが、なぜか、仕事上の実績を残せていませんでした。

それどころか、会社からの評価もイマイチだったのです。

私は不思議で仕方がありませんでした。

「こんなにクオリティの高いメールが書けるのに、なぜ、この人は評価されていないんだろう……」

その答えは、タイミングにありました。

メールを送るタイミングがすべて「遅かった」のです。結局、その人は、仕事相手とのペースが合わず、ビジネスチャンスをことごとく逃していました。

お客様と商談をして、1週間後に初めてフォローのメールを送ったのでは、もう商品やサービスの印象は薄くなっています。

また、いくら誠意を持ってクレーム対応にあたっても、クレームを受けてから1週間後に連絡していたのでは、相手の怒りをますます増幅させるだけでしょう。

「鉄は熱いうちに打て」と言いますが、メールについても同じことが言えます。

相手の記憶がはっきりしているうちに送らなくては、どんなに素晴らしいメールを作成できても、残念な結果になってしまいます。

おおむねどんなメールでも、ベストタイミングは「翌日」まで。

例えば、打ち合わせの相手に対しては、会ったその日のうちか翌日の午前中までに、お礼とともに打ち合わせ内容の「要約」を送ります。

セミナー来場者に対するお礼も、翌日の午前中までに送ればきちんと運営している主催者なのだということが伝わるでしょう。

また、仕事が速い人は、相手の仕事の状況を推測して、どのタイミングでメールを送れば一番効果的かをよく考えています。

当然ですが、相手の業務時間が残り少ない状況でメールを送っても、すぐに目を通してもらえません。彼らは、相手が余裕をもって対応できる時間帯、曜日などを見計らってメールを送るのです。

その意味では、金曜日の夕方に送るメールは、とくに注意が必要です。

金曜日は「仕事を翌週まで持ち越したくない」という心理が働くので、無理をしてでも依頼や報告のメールを送ってから帰るという人が多いのではないでしょうか。

やり残した仕事があれば、週末に片付けて、月曜日の相手の出社時間に間に合うようにメールを送っておくというケースもあるでしょう。

その結果、月曜日の朝は受信トレイに新着メールがひしめき合っている……という事態が起きます。

相手のスキルが低い場合、扱うメールが多くなると処理が雑になる可能性があります。だから、仕事が速い人は、自分のメールが他のメールにまぎれて見落とされたり、後まわしにされたりするリスクが高まる金曜日の夕方に、重要なメールを送らないのです。

少し脱線しますが、こういった話をすると、「私は仕事のメールは週末や深夜でもチェックしています！」と言う人がいます。でも、そうした仕事の仕方は、あまりおすすめしませんし、私自身も絶対にしません。

もし、それをしてしまうと、

「この人は勤務時間外でも対応してくれるんだ」

「この会社は週末も稼働しているのだ」

というメッセージを発信してしまうからです。これは、前章で書いたように、仕事の主導権が握れていない状態です。

「いつでも対応してくれる」という認識を一度でも持たれてしまうと、そのイメージは簡単には覆りません。だからこそ、メールでの対応は勤務時間内と決めて、あえて受信メールを見ないことも必要なのです。

ところで、メールの中には、わざと返信を遅らせたほうがいいものもあります。

例えば交渉などの案件で先方が無理な要求をしてきた場合、これにすぐ返信をするのは避けたほうがいいでしょう。よく検討しないで答えを出したと思われるからです。

この場合は、すでに結論が出ていたとしても、2〜3日返信を遅らせて断る。〝熟慮〟の結果だと思わせるわけです。

また、面倒な人と距離を置きたい場合も、返信を遅らせることで、うまくフェードアウトすることができます。

私の経験で、こんなことがありました。ある人から起業についてアドバイスをしてほしいというメールをいただいたのです。

そのときは喜んで質問に答え、知っていることをお伝えしました。

ところが、質問の頻度が次第に増えてきて、かなり専門的な内容にまで及ぶようになってきたのです。好意で教えられる範囲を超えて、正直、困りました。これ以上は有料アドバイスになると伝えてもお構いなしです。

そこで、返信を3日後、1週間後……と遅くして距離を置くことにしたのです。

ちなみに、どうしても返信せざるを得ない場合は、他にも「文章をわざと堅くする」「テンプレートのような文面にする」といった方法も有効です。

このように、メールの返信は速ければいいというわけでもありません。

どのタイミングがベストなのか、「目的」と合わせて考えてみてください。

一度口にした約束を軽く扱わない

最初に、メールを送る目的はさまざまだという話を書きました。

情報共有をするためのメールもあれば、指示を出すためのメールもある。

あるいは、信頼関係を築くことが目的のメールもあるでしょう。

相手と信頼関係を築くためには、注意すべきことがあります。

それは、「約束」を軽く扱わないこと。

私の会社にはいろいろな営業電話がかかってきます。でも、そのほとんどは必要がないため、お断りしているのが実状です。

とはいえ、なかには多少興味をそそられるものがないわけではありません。

そこで、電話口でその旨を伝えると、相手は必ずこう言うのです。

「では、詳しい資料をメールで送っておきますね」

ところが、それから待てど暮らせどメールがこない……。

そんな経験は一度や二度ではありません。

そのメールを心待ちにしていたわけではないのですが、「送ると言ったのに送られてこなかった」という、裏切られたような印象はなくなりません。

ささいなことかもしれませんが、その経験は「この会社とは取引したくない」という判断材料にもなります。

メールに限らず、「商品パンフレット」「案内状」といった郵便物であっても、自分から「送ります」と言った約束は100%守りたいものです。

送れないようなら、最初から軽い気持ちで口約束などしなければいいのです。

仕事が速い人たちは、こういう点でも相手を失望させません。

約束を守る姿勢を相手に見せるために、

「では、この件は〇日までの宿題とさせていただきます」

「社に帰ってから、詳しい情報を調べて本日中にメールします」

と約束をつくり、それを必ず守る。

自分から期限付きの仕事をつくっておいて自分で守るのですから、よく考えると、自作自演ですが、ビジネスではその〝姿勢〟が評価されます。

相手が自社の商品に興味を持ってくれたら、「資料をPDFで送りますね」と約束して、必ず実行する。「オプションが変更できるかどうか、確認してご連絡いたします」と言ったら、忘れずに連絡する。

こうした対応は、一見ささいなことに見えるかもしれません。

しかし、それがたとえ小さなものでも、一度口にした約束を必ず実行することが、仕事の信頼関係を強固にし、結果的に仕事の速度を上げることにつながるのです。

間違いをおそれないで送信する

研修をしていると気づくのですが、1通のメールを15～20分かけて作成している人がいます。

文章は書けているのに、細かいところを何度も何度も確認して、それでもまだ送ることができない……。

こういう人と話していると、メールには唯一の正解があると考えているようです。

非の打ちどころのない完璧なメールをつくらないと、送信してはいけない。

そう信じているのです。

だから、宛名ひとつとっても、

「社名を入れたほうがいいのでしょうか?」

「肩書は必要ですか?」

「《フルネーム+様》で書くべきでしょうか?」

ということで悩んでしまうのです。

挙句の果てには、「メール　宛名　マナー」で検索して、正解を探そうとする。

それでは、1通のメールを作成するのに15分、20分とかかってしまうのは無理もないでしょう。

そもそもメールの宛名の書き方は悩むようなことではありません（↓79ページ）。

最近では、役職や部署名が短期間で変更になることもそれほど珍しくありません。

そのため、単に「加藤様」のように宛名が名前だけでも、失礼だと思う人は少なくなったのではないでしょうか。

宛名の他にも、書き出しがおかしくないか、誤字・脱字はないか、日本語の表記が間違っていないか、固有名詞の誤りはないか……と、あちこち点検しないとメールを送れないという人がいます。

誤解をおそれず言えば、そんなふうに神経質になる必要はありません。

多少の間違いは気にせず送ってしまえばいいのです。

もちろん、漢字の間違いやタイプミスを減らすのは大事なことです。

誤りがなければ、それに越したことはありません。

でも、ここで考えていただきたいのです。

そのメールを送る「目的」は、何なのか。

例えば、流通経路で不良品が見つかったことを上司にメールで報告するとします。

その場合、誤字やタイプミスを探したり、メールの構成を考えすぎたりして、送るタイミングが遅くなってしまったとしたらどうでしょう。

誤字があったからといって、上司はあなたを責めるでしょうか。

もちろんこれは一例ですが、まず、何を優先しなければならないのかを考えるべきです。

だから私は、急がなければならないときは、打ち間違いや「てにをは」の誤りがないかどうかを、あまり入念にチェックしません。金額や日付、相手の名前・社名など、致命的なトラブルになるものだけを重点的にチェックします。

後で見直してみると、送信メールの中に間違いが見つかることもあります。

メールを送った相手もその間違いに気づいているでしょう。

しかし、その間違いを指摘されたことはありません。それどころか、スピーディーに返信したことでお礼を言われるほどです

ミスのない完璧なメールを送れれば、理想的でしょう。

でも、完璧さを追求することによって、相手が望んでいるタイミングにメールを送れなければ意味がありません。それよりスピードを重視すべきだと私は考えます。

「目的」を考えれば、正確さが犠牲になることもある。

そう考えれば、気持ちが少し楽になるのではないでしょうか。

3

ビジュアルを
工夫して読ませる

選ばれるのは読めるメール＆読みたいメール

「メールで一番大切なのは、ビジュアルです」

研修やセミナーでそう言うと、ほとんどの方が「エッ!?」という表情をされます。

実際、質疑応答で寄せられるのは、

「どうしたら文章力をつけることができますか？」

という問いが多いのです。みなさん、自分の文章力がイマイチだからうまくいかないのだと考えているのでしょう。

しかし、上手な文章なら読んでもらえるかと言えば、必ずしもそうではありません。なぜなら、人が「読みたい」と感じるかどうかは、1行の文字数やスペースといった「視覚的な要素」に大きく影響されるからです。

私は本を読むのが好きで、1日1冊の読書を日課にしています。だから、活字を読むこと自体はそれほど苦になりません。

ところが、読むことに慣れている私でも、パッと見て文字だらけの本（改行が少なく行間が詰まっている）には抵抗を感じます。そして、実際に読んでみても、時間が

読みづらいメールの例

文響出版
鈴木様

お世話になっております。日本ビジネスメール協会の平野友朗です。先ほどはお電話にてありがとうございました。鈴木様のご要望にあった研修をご提供することは十分可能です。ただ、会場の都合上、制約も多いので、何を準備すればいいのか、改めてご相談させてください。お打ち合わせは2月7日（火）13時から14時まででお願いいたします。貴社へうかがいます。お打ち合わせでは、弊社の研修内容と研修実績についてご紹介させていただきます。ご不明な点がございましたらお気軽にご連絡ください。よろしくお願いいたします。

一般社団法人日本ビジネスメール協会　平野友朗
〒101-0052　東京都千代田区神田小川町2-1 KIMURA BUILDING 5階
TEL 03-5577-3210 / FAX 03-5577-3238 / メール hirano@sc-p.jp
公式サイト　http://businessmail.or.jp/

かかります。それと同じことがメールにも起こるのです。

では、「読みづらいメール」とは、どのようなものかというと、

- **1行の文字数が多い（30文字以上）**
- **空白の行がない**
- **改行がない**
- **文章が5行以上続く**
- **箇条書きにすべき事柄が文章で書かれている**

という特徴があります。

百聞は一見にしかず。上のメール文をご覧ください。このようなメールは、開いた瞬間、文字がギュッと詰まってい

て、直感的に「読みにくい」と感じます。

「読みにくい」ということは、メールを開いたときの画面に反発を感じる（読む気が失せる）ということ。こうなると、よほど特別なメールでなければ、後まわしにされてしまいます。

「そうはいっても、仕事上のやりとりなら、多少読みづらくても最後まで読んでもらえるのでは？」

そう思われるかもしれません。

確かに、どうしても読まなければならないメールなら、受け手は我慢して目を通すでしょう。ただ、この時点で、受け手の送り手に対する印象は最悪になります。

いや、それだけならまだいいでしょう。

メールの読みにくさは、理解度にも影響を及ぼすのです。

読みにくいメールは、読み間違いを誘発します。その結果、正しく伝わらなかったり、こちらが望む処理をしてもらえなかったりします。そうなると、もう一度働きかけをしなければならないので、二度手間になってしまう……。

これでは仕事は進みません。

読みにくいメールを送っていると、相手の中で優先順位を下げられてしまいます。

優先順位が下がれば、結果的に仕事が滞ってしまう。

仕事が速い人はこの点を危惧しているので、メールの見た目（レイアウト）に人一倍気を遣うのです。とくに初対面の人にメールを書くときには、そのメールがあなたの印象を決めることになるので要注意です。

メールに限ったことではありませんが、文章を「読める」「読みたい」と感じるかどうかは、過去にそれと同種の文章が読めたかどうかによります。

例えば、書店で本を探していて、ある作家の作品が目にとまったとしましょう。そのとき、「この人の文章、前に読んだけど……すごく癖があって読みづらかったなあ」という記憶が残っていれば、手に取らないのではないでしょうか。

ビジネスメールの場合も同様です。

メールの処理は業務の一部ですから、抵抗がある文章でも読まなくてはなりません。しかし、「差出人」の名前から「この人のメールは読みにくかった」「よく意味がわからなかった」という記憶がよみがえると、途端に読む気が薄れてしまう……。

それが、返信の遅れを招くことになるのです。メールの「見た目」もまた、仕事のスピードにダイレクトに影響を与えると言えるでしょう。

どれだけいい文章が書けるようになっても、相手に読んでもらえなければどうしようもありません。また、読んでもらえなければ、「返信」ももらえません。

だからこそ、ビジュアルを工夫することが大切なのです。

では、メールの「ビジュアル」をどう変えればいいのか。

具体的に説明していきましょう。

ブロック化・1行空きで本文を美しく整える

メールは「レイアウトを整える」ことで読みやすくなります。

レイアウトとは、メールの構成要素の配置です。各要素に関する詳細は後述しますが、まずは何をどう配置すれば読みやすくなるのか、ご説明しましょう。


左の図は「読みやすいメール」の例です。パッと見た印象として、文字と空き（スペース）がバランスよく配置されていることがわかります。

この空きは、改行、1行空き、箇条書きによってつくり出されています。

文章を読みやすくするコツは、20〜30文字程度で改行すること。そして、文章のま

読みやすいメールの例

文響出版
鈴木様

お世話になっております。
日本ビジネスメール協会の平野友朗です。

先ほどはお電話にてありがとうございました。

鈴木様のご要望にあった研修をご提供することは
十分可能でございます。

ただ、会場の都合上、制約も多いので、
何を準備すればいいのか、改めてご相談させてください。

来月のお打ち合わせについてご連絡いたします。

日時：2月7日（火）13時～14時
場所：貴社
内容：弊社の研修内容と研修実績についてご紹介

ご不明な点がございましたらお気軽にご連絡ください。
よろしくお願いいたします。

一般社団法人日本ビジネスメール協会　平野友朗
〒101-0052　東京都千代田区神田小川町2-1 KIMURA BUILDING 5階
TEL 03-5577-3210　/　FAX 03-5577-3238 / メール hirano@sc-p.jp
公式サイト　http://businessmail.or.jp/

とまりごとに「ブロック（文章の塊）」をつくることです。

この場合のブロックは、段落のようなものだと考えてください。

ブロックは5行以内でまとめられると理想的。もし5行に収まらなければ、できるだけ短くしてみてください。

ブロックとブロックの間には、1行分の空きを入れましょう。

ここで注意したいのは、一文ごとに空きを入れないこと。

よく、ブログなどで一文ごとに空きが入っているケースがありますが、メールとブログは違います。一文ごとに空いていると、文単体では読みやすい反面、文と文の関連がつかみにくく、間延びした印象を与えます。

そもそも、1行空きを入れてブロックをつくるのは、なぜでしょうか。

もちろん、読みやすくすることが最大の理由ですが、もうひとつの理由は、ブロックをつくると本題がつかみやすくなり、読み飛ばしてもいい箇所の判断がつきやすくなるからです。要するに、重要な箇所が視覚的にわかるようになるのです。

また、メールは、じっくり丁寧に読むというより速読することが多いのではないでしょうか。

速読ではキーワードを拾いながら斜め読みをします。このとき、ブロックが分かれていれば、書き手の意図、つまりしっかり読んでほしい箇所と、斜め読みで構わない箇所を伝えることができます。これなら、読む側も拾い読みが楽になるでしょう。

ブロックの分割は、送り手と受け手、両方にとって便利なのです。

なお、情報をブロックごとにまとめるときには、コツがあります。

それは「関連する情報を近くに置く」ということ。

例えばセミナー参加者への通知であれば、日時、会場の住所などと合わせて電話番号を載せるでしょう。

このとき、当日の緊急連絡先（連絡方法）も近くに記しておきます。

そうすれば、当日遅刻しそうになった参加者がこのメールを見返しても、すぐに連絡先を探すことができるのではないでしょうか。

これが、最後のブロックに、「なお、緊急の際のご連絡は……」などと書いてあると、焦っている状況では、見逃したり、見つけづらかったりしてイライラするものです。

相手からの素早いレスポンスを引き出すメールとそうでないメールの差は、こうした細かい部分にこそ現れるのです。

「ビジュアル」という観点では、「漢字」の使い方にも注意が必要です。

手書きならひらがなで書くような表現を、ビジネスメールになると、

「有難う御座います」
「宜しくお願い致します」
「御対応頂けますでしょうか」

と漢字を多用する人がいますが、あまり効果的だとは言えません。漢字が多用されていると読みづらくなり、見た瞬間にブロック全体が〝黒っぽく〟なります。人によっては、それだけで読む気が失せてしまうでしょう。過剰に漢字を使う必要はありません。ひらがなと漢字をバランスよく使い、見た目の読みやすさを意識してください。

箇条書きで相手の理解度をアップさせる

メールの本文中に日時や場所、住所や連絡先といった情報が出てくる場合は、それらを項目ごとに箇条書きにします。各項目のアタマに「・」「■」「●」などの記号を使うと、さらに目にとまりやすくなり、見落としを防ぐことができます。

箇条書きにする最大の理由は、スッキリ見せられるから。

重要な点がコンパクトにまとまるので、どこに注意して読めばいいのか、よくわかります。また、要点がつかみやすくなるので、誤解も生じません。

文章にすると長くなる記述も、箇条書きにすれば情報が絞り込まれるため、理解するまでの時間が短くなります。時間をかけずに理解できるというメリットは、すぐに返事をもらえることにもつながるのです。

また、箇条書きには、入力が少なくて済むというメリットもあります。これはメールの作成スピードを上げることにもつながるでしょう。

ちなみに、「アイトラッカー」という、人間の視線の動きを追跡できる装置を使うと、箇条書きのない読みづらいメール（↓67ページ）では、視線が上から下まで移動して、再び上に戻ったり、同じ部分を何度も注視したりと視線が定まりません。箇条書きでないと、どこが重要な点なのかがわからず、全体をじっくり読みながら要点を探ることになるからです。

それに対し、箇条書きで書かれた読みやすいメール（↓71ページ）では、箇条書きの部分に視線が固定されることがわかります。要点をつかみ、集中して理解していることが読み取れるのです。箇条書きは、それだけメールを読む側の負担が少ないということでしょう。

箇条書きにするのは、情報を相手の記憶に残りやすくするためでもあります。

箇条書きは、短く簡潔に要点が整理されているので、重要な部分だけを記憶してもらえます。さらに、箇条書きなら、要点を特定しやすいので早く確認できるという利点もあります。

もっとも、このあたりは基本的なスキルなので、「そんなの、普通にやってるよ」という人も多いかもしれません。

しかし、仕事の速い人は、箇条書きを駆使する中で、何を箇条書きにしたら効果的なのかという点も考えています。

- **交渉時に相手に提示する条件（できること／できないこと）**
- **（クレームをつけられたときに）自社が対応可能な事柄**
- **社内調整が必要な案件で他部署に協力してほしいこと**

といった、文章で伝えると情報が増えてかえってわかりにくくなることや、誤解を招きそうなことをあえて箇条書きにしています。

こうすることで、伝えたい内容を受け手に負担をかけずに伝え、トラブルを回避しているのでしょう。

相手に意図しない解釈をされるときは、実は書き方に問題があるということが少なからずあります。その点、解釈のズレを防ぐのに、箇条書きは大いに役に立つのです。

このように、見た目に配慮して情報を整理すれば、相手の理解度も自然と高くなるでしょう。とにかく、メールは見た目が重要なのです。

7つの要素を意識してメールを書く

レイアウトを整えるには、メールの構成要素を頭の中で組み立てることが大切です。

メールの構成要素は全部で7つ。

宛名、あいさつ、名乗り、要旨、詳細、結び、署名です。

この7つのうち、要旨、詳細は、メールの内容に応じてそのつど変化しますが、残りの5つは定型をアレンジするだけで用が足ります。いわば「型」のようなものですから、書き方さえマスターすれば、それをなぞるだけ。考える必要はありません。

仕事が速い人は、メールを書くときに、このように時間をかける箇所を決めていま す。メール全体に集中するのではなく、考えずに反射的に書けるような部分をつくっておくと、文章の作成は非常に楽になります。

考えるべき部分と考えなくてもいい部分を、きちんと分ける。

これが、仕事を速く回していくコツなのです。

そもそもメールを書くときに、宛名やあいさつで悩む必要はない、とこれまでにも述べてきました。

ところがメールに苦手意識を持っている人の多くが、考える必要のない「型」の部分で悩んでしまい、メールの作成に多くの時間を費やしています。

これは、非常にもったいないことです。

「定型をアレンジするだけ」と言うと、「本当にそれでいいんですか?」と聞かれることがありますが、問題ありません。

なぜなら、「宛名」「あいさつ」「名乗り」「結び」「署名」は、何か不都合があっても本題の伝達には大きな支障はないからです。重要でないところに長い時間をかけるのは、非効率です。

それでは、定型＋アレンジでつくれる5つの要素について詳しく見ていきましょう。

まず、「宛名」です。

これは「名字＋様」で構いません。

もちろん、「フルネーム＋様」でも間違いではないのですが、毎回フルネームで書くと、丁寧な印象を与える一方で、仰々しい印象を与えます。

宛先が複数の場合は悩むところですが、結論から言えば、「役職の高い順」に宛名を書きます。

また、社内と社外の人が混じっている場合は、社外の人を先に書くという一般的なルールがあります。

しかし、それさえ間違えなければ難しく考える必要はありません。迷うようなら、「関係者各位」でくくればいいのです。

よく、「手紙の書き方にならえば、○○○とするのが正解では？」と主張する人がいますが、手紙とメールのルールは完全に一致するわけではありません。

メールは、もともとビジネス文書の電子版として使われ始めたという経緯がありま す。そのため、どちらかというと、手紙よりもビジネス文書の定型に則ってつくられてきました。

今、メールは電話に近いコミュニケーションになりました。その証拠に、メールでは、過度な敬語ではなく、丁寧語や話し言葉が使われています。

このように、他のコミュニケーション手段の影響を受けたり、送る相手や状況に応じて判断したりすることが多いので、メールの書き方に唯一の〝正解〟はない、というのが実態です。

こうなると、正しさを厳密に追求する意味はあまりありません。

大事なのは、相手に失礼でないかどうか。

この点がクリアであれば、自分の中でルールを設定して、それを毎回守ればいいのです。

「あいさつ」は、社外の人には「いつもお世話になっております」が基本です。相手との関係性によっては「おはようございます」や「お疲れさまです」も使えます。

アレンジを加えてもいいのですが、ここで悩むよりも、本題に時間をかけるべきでしょう。

「名乗り」は対外的なメールなら「社名＋名字」が一般的。社内メールなら「名字のみ」、または「部署名＋名字」で構いません。

ただし、佐藤、鈴木、田中のように多い名字であれば、同姓の人がいる場合もあるのでフルネームで名乗るほうが親切です。

メールを構成する7つの要素

文響出版
田中様
——①宛名

いつも大変お世話になっております。——②あいさつ
日本ビジネスメール協会の平野友朗です。——③名乗り

原稿の内容について、2点確認がありご連絡しました。——④要旨

39ページの原稿は「ビジネスメール」と
正確に記載したほうがいいと考えています。

62ページの原稿は逆に「メール」のままのほうが
わかりやすいと思われます。

ただし、最終的なご判断はお任せします。

なお、残りの作業は以下の3項目です。

・83ページの図の確認
・87ページの事例の追加
・プロフィールの作成
——⑤詳細

ご不明な点がございましたらお気軽にご連絡ください。
それでは、引き続きよろしくお願いいたします。
——⑥結び

⑦署名

一般社団法人日本ビジネスメール協会　平野友朗
〒101-0052　東京都千代田区神田小川町2-1 KIMURA BUILDING 5階
TEL 03-5577-3210　/　FAX 03-5577-3238 / メール hirano@sc-p.jp
公式サイト　http://businessmail.or.jp/

「名乗り」は、誰からのメールなのか、相手が一目でわかるようにするためのものですから、その目的を果たすことが第一です。

「結び」のあいさつの定番は、「よろしくお願いいたします」。

進行中の業務でのやりとりであれば「引き続きよろしくお願いいたします」。相手に依頼事項などがある場合は「ご検討よろしくお願いいたします」、内容を確認してほしいときは「ご確認よろしくお願いいたします」とすればよいでしょう。

最後は「署名」ですが、これは一度設定すれば自動的に付与されるので、そのつど考える必要はありません。

ただし、過不足のない情報を入れることが重要です。

社名、部署名と本人のフルネーム、会社の住所と郵便番号、電話番号、さらにホームページのURLや自身のメールアドレスは最低限入れておきましょう。社外へ送るメールの場合、基本的に名刺に書かれている情報が署名にも入っていれば十分です。

最近では、会社から携帯電話を支給されるケースが多いので、その番号を署名に入れるべきかどうか悩む人が多いようです。業務の内容について、携帯電話で連絡をとり合う可能性があるなら、携帯電話の番号は必要な情報です。

ただ、基本的なやりとりはメールでしたい、主に会社の固定電話を使っている、携帯電話への問い合わせは避けたいというケースもありますから、その場合は入れなくても構いません。

署名に個人や会社の最新ニュースを入れている人も見かけますが、何をどこまで入れるかは、職種や目的によっても判断が分かれるところです。

大事なのは、「署名の情報＝相手の役に立つ情報」であるということ。

この基本だけは、押さえておいてください。

「なぜ、このメールを送ったのか」を先に書く

次は「要旨」と「詳細」について。

この2項目は、メールごとに内容を変えなければいけませんが、難しく考える必要はありません。

まず「要旨」ですが、ここには「なぜ、このメールを送ったのか」という説明が入ります。いわば、メールを送った「目的」です。

ここで、前章の内容を思い出してください。

前章では、メールを送るときには「目的」を意識することが大事だと書きました。

目的とは、そのメールの本題であり、一番伝えたいことです。

ですから、「要旨」には、目的を明記します。

具体的には、こんな感じでしょうか。


「〇〇の件でご相談があり、メールをお送りいたしました」

「××の進め方について、お尋ねしたいことがございます」


そもそも目的を先に伝えるのは、なぜでしょうか。

それは「今から〇〇について話します」と宣言して、相手とメールの主題を共有し、内容を把握してから読んでもらえば、理解が速くなるからです。

理解が速くなる分、返事も速くもらえます。

ビジネスメールの場合、大切なのは、お互いに効率よく仕事を進めていくことでしょう。

だとすれば、忙しい相手にメールを読み進めてもらうには、目的をいかに的確に伝えられるかが肝になります。

結論は先か後か？

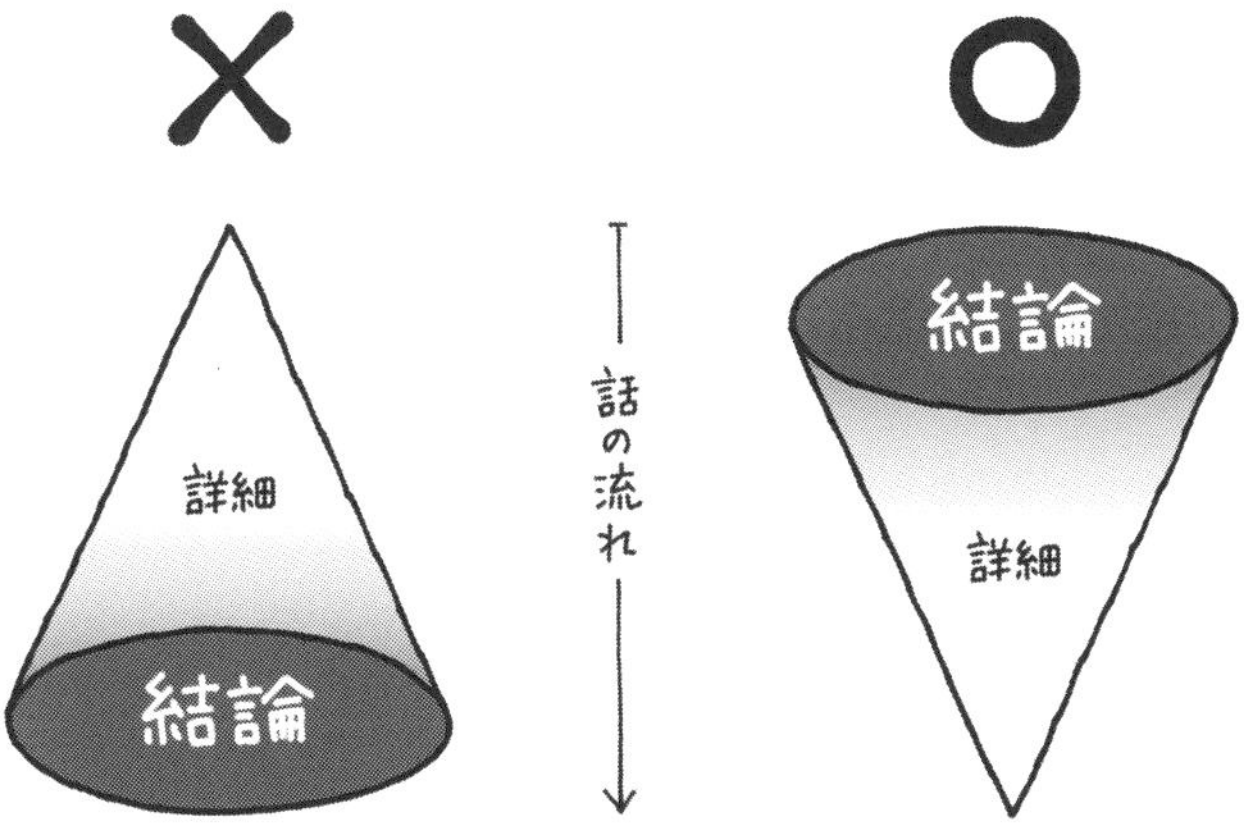

情報を小出しにして、少しずつ内容を見せてから、最後に結論を語る

初めに結論を見せ、認識を共有してから詳細を語り始める

ですから、「名乗り」が終わったら、余計なことを書かず、速やかに「要旨」を書きます。

最初に目的が書かれていれば、読み手はメールの主旨を瞬時に理解できるので、ストレスなく読むことができます。

「○○の件でご報告があります」
「××について教えてください」
「△△の打ち合わせの件ですが、日程の変更をさせてください」

など、相手がどんなアクションをとるべきかわかるように、最初に要旨を明記します。仕事が速い人なら、「日程」「変更」の文字を見た瞬間に、スケジュール帳を開いているでしょう。

「詳細」には質問がこないレベルまで情報を網羅すべきですが、伝える必要のない情報まで書けば、かえって目的から離れてしまうため、何が言いたいのかわからないメールになってしまいます。その意味では、盛り込むべき情報をどう絞り込むかがポイントになります。

人によっては、この「要旨」と「詳細」の順番が入れ替わっていることがしばしばあります。その場合、読み手は最後まで読まなければ、どういう用件でメールが送られてきたのかわかりません。

求められていることがわからないまま読ませるのは、負担を強いることです。最後まで読んでも、「結局、何をしてほしいの？」と思わせるようなことは、避けなければなりません。

メールの場合、優先すべきは、メールを送った目的を相手にすぐに理解してもらうこと。なぜなら、相手を動かしたければ、目的を共有しなければいけないからです。

その意味で、まずは「目的ありき」なのです。

文章をできるだけコンパクトにする

メールの構成要素を正しく書き、各要素を読みやすく配置する。

その際、ブロック分けを意識して、効果的に箇条書きを使う。

このように「見た目」に気をつければ、それだけですぐに読んでもらえるメールをつくることができます。

とはいえ、文章力がまったく関係ないかというと……実はそういうわけでもないのです。

伝わらないメールを書いてしまう人には、共通する〝ある特徴〟があり、それがもとで正しく理解されなかったり、誤解を与えたりすることがあります。

その特徴とは、「一文が長い」ということ。

「〜ですが、〜なので、〜です」と、文章が途切れることなくダラダラと続いていくのです。

例を挙げるなら、こんな感じでしょうか。

「先日お話しさせていただきました新規案件の件なのですが、お打ち合わせの際に6月に始動したいとお伝えしましたが、その後のクライアントとの調整で5月の連休明けには始動したいということになりまして、スケジュールを再調整させていただきたいので、来週あたりにでも一度お打ち合わせをお願いします」

読み手のことを考えれば、このような文章が好ましくないのは言うまでもありません。ただ、わかっていても、意外と多くの人がやってしまうのです。

一見、ビジュアルとは関係なさそうな話ですが、一文が長いことも見た目に影響を与えます。ですから、視覚的な問題としても、一文を短くすることを心がけなければいけません。

そもそも、なぜ一文を短くしなければならないのでしょうか。

人間は、長い文章を読んでいると、前に書かれていた前提や条件を忘れてしまうため、主題がわからなくなります。そうなると、全体の意味を間違って理解してしまいます。

一方、一文が短いと、主題がわかりやすくなるので誤読が起きません。結果として、書き手と読み手との間で認識のズレが生じにくいのです。

仕事が速い人のメールは、一文が短く、一読して理解しやすいことがわかります。ときには、それが素っ気ない印象を与えるかもしれませんが、まず優先するのは、速やかに誤解なく伝えること。

では、文章を短くするには、どんなことに気をつければいいのでしょうか。

基本的には、ひとつの文にはひとつの内容だけを盛り込むこと。

そのためには、「接続助詞」を使って文章を長くつなげないこと。

曲者《くせもの》なのが、文をつなぐ「が」です。

メールの添削をしていると、何度も「が」を使って、安易に文をつないでいる人がいます。おそらく読点（、）のような感覚で使用しているのでしょう。

「が」は、前後の文章で反対の内容を伝えるときに使うため、単純に文をつなぐときに用いると、文意がつかみにくくなるのです。

「先週、新商品に関する説明会を開きましたが、そこで寄せられた質問をリストアップしたのでご報告したいのですが、前回の説明会で出たのと同じ質問がいくつかありました」

言いたいことはわかりますが、何となくしっくりきません。

この文なら、

「先週、新商品に関する説明会を開きました。そこで寄せられた質問をリストアップしたのでご報告いたします。前回の説明会で出たのと同じ質問がいくつかあります」

としたほうがわかりやすくなります。

88ページの例文も見直してみましょう。この例文を読みやすく修正すると、左のようになります。

「ですが」「なので」をカットしたので文章は4つになり、全体の文字数は14文字ほど短くなっています（句読点含む）。

これで一気にわかりやすくなりました。

見た目も、修正後はそれほど負担を感じません。さらに、最後の一文を見れば、「来週の打ち合わせは可能か」と「都合のよい時間帯はいつか」を答えればいいのだとすぐにわかります。

例文のような連絡（スケジュールの前倒し）は、たいていの人にとっては少し手間

長い文章を短く切り分ける

先日お話しさせていただきました新規案件の件なのですが、
お打ち合わせの際に6月に始動したいとお伝えしましたが、
その後のクライアントとの調整で5月の連休明けには始動したい
ということになりまして、スケジュールを再調整させていただきたいので、
来週あたりにでも一度お打ち合わせをお願いします。

⇓

先日のお打ち合わせで話題が出ました、新規案件の件です。

クライアントから6月ではなく、5月の連休明けには
始動したいとの連絡がありました。

つきましては、スケジュールについて、
再度お打ち合わせをさせてください。

来週の月曜日か火曜日のご都合はいかがでしょうか。

がかかる内容です。ただでさえ愉快ではない内容を、「なので」「ですが」でつないでダラダラ書かれると、読むのにも疲れて二重に負担をかけるのではないでしょうか。

しかし、修正後のように端的な書き方であれば、相手がイラッとすることは回避でき、返信も速やかにもらえるようになるでしょう。

なお、文章を短くするには「接続詞」を極力使わないこともひとつの方法です。

接続詞は文章に不可欠なものだと思われがちですが、なくても意味が通じるものもあります。不要だと思われる接続詞は、思いきって消してしまいましょう。

「さて」「そして」などは、文脈によっては、取り除いても不都合はありません。

4

確実に
返信を受け取る

めんどくさそうなメールには返信してもらえない

「メールを送ったのに、いつまで経っても返信がこない……」

ビジネスシーンでよくある悩みです。

とくに、アポイントの日程調整、業務の依頼、上司の決裁をあおぐ際の申請など、送信者側に「用件」があり、それに何らかのアクションを起こしてもらわなければならないメールで困っている人が多いように感じます。

実は、このような悩みを持つ人たちのメールを添削していると、「これでは返信がこないのは当然だろう」と思えるものが少なくありません。

送信者としては返信をもらいたいのに、メールを受信した人が「返信しない」のはなぜでしょうか。

例えば、相手に「めんどくさそう」と思わせることが、返信がこない（遅い）原因になることがあります。

では、読み手は、どこで「めんどくさそう」と感じるのでしょうか。

私自身の経験や、メールを添削した結果などから総合すると、こんな共通点が見えてきます。

- **文字がギッシリ詰まっていて読みづらい**
- **いくら読んでも結論が見えてこない**
- **何をしてほしいのかわかりづらい**
- **知らない人が一方的に「会いたい」と言っている**
- **関係がこじれそうなので返信したくない**

このように、相手が「めんどくさそう」と感じるのにはいろいろな理由があります。

では、どうすれば「めんどくさそう」と思われないで、返信をもらえるのか、考察していきましょう。

1章で述べたように、然るべきタイミングで返信をもらえれば、仕事は滞りなく進んでいきます。しかし、返信がこなかったり後まわしにされたりすると、それだけ〝足踏み〟を強いられることになります。

だからこそ、早めに返信をもらわなければいけないのです。

実は、スピーディーに返信をもらうことは、それほど難しくはありません。

先に述べた、返信してもらえないメールの真逆をいけばいいのです。

具体的には、「読みやすい」「判断しやすい」「用件がわかりやすい」など〝わかりやすさ〟を追求すること。

また、「返信するメリット」を明確にすることなどが挙げられます（欲を言えば、これに、返信しないデメリットが加わればベスト）。

返信するかどうかを決めるのは受信者です。

送信者が「返信がほしい」と思っても、相手に「めんどくさそう」「後まわしにしよう」と思われたら返信はきません。

そのため、相手が自分ごととしてとらえて、「このメールは返信しなければならない」と思うようなメールを送れるかどうかで成否が決まります。

「返信しない理由」を相手は教えてくれません。

例えば、メールを10通送って返信がこないのが1～2通なら、相手が「忙しかった」「パソコンの前にいなかった」などの事情が考えられるでしょう。

しかし、「返信がくるのは、いつも送信した数の半分くらい」「毎回催促しなければならない」となると、それは送信者のメールに問題があると断言できます。

面識がない人へのメールは〝ラブレター〟のように書く

面識のない相手から返信をもらうのは、難易度の高い作業です。

例えば、特定の個人に営業的なアプローチをするようなケースです。

メール＝初対面のあいさつになるので、最初のステップで不審に思われたり、一方的な印象を与えたりすると、返信はもらえません。

したがって、ここで重要なのは相手に受け入れられるかどうか。

そのために必要なのは、「礼儀正しさ」です。

面識のない人へのメールの場合、相手はあなたのことを知りません。

だからこそ、自分が何者なのかを「名乗り」でしっかりと開示します。

次に、メールを送った経緯（理由）を「要旨」で説明します。

「送信者の正体 ＋ 連絡してきた経緯」がはっきりしているだけで、受信者は警戒心を解き、メールを読み進めてくれます。

逆に、名乗りがなく、メールを送った経緯も明確でなく、送信者のメリットしか書かれていないメールでは、どうでしょうか。

警戒心が強まって、返信の必要性を感じてもらえないかもしれません。

あるいは、読んでくれたとしても、最後まで読んでもらえないかもしれません。

受け取る側の立場から言わせていただければ、返信をしない（すべて読まない）のにも理由があるのです。

最近、企業や経営者に対して、ホームページやブログ経由でメールを送ることが可能になりました。私もよく、お目にかかったことのない人から営業のメールをいただくことがあります。

しかし、返信するのは稀《まれ》です。

いただくメールの中には、私（弊社）への取材依頼などＰＲにつながる内容もあれば、「情報交換をしたい」、あるいは「この地域の担当になったので、一度ごあいさつをさせてください」といったメールもあります。

私は基本的に、「情報交換」や「ごあいさつ」だけのメールには応じません。

なぜなら、こちらが求めていないことに時間を使うのは、自分自身にとってはもちろん、会社にとってもあまりメリットを感じられないからです。

こうしたメールは、定型のテンプレートを使い回している場合がほとんどです。

「初めてご連絡いたします。このたび、千代田区の担当になりましたので各企業様にごあいさつで訪問させていただいております。新人なのでお役に立てるかどうかわかりませんが、一度訪問させていただきたく存じます。つきましては来週のご都合はいかがでしょうか？　有意義な情報交換ができることを楽しみにしております」

例えば、こんな感じでしょうか。

これを読めば、たいていの人が、「別に返信しなくてもいいや」という気持ちになるでしょう。「各企業様に」ということは、他の会社にも同じような連絡をしていることがわかります。

「新人なのでお役に立てるかどうかわかりませんが」と言われても困りますし、目的のない状況で会っても「有意義な情報交換」ができるか不明です。

連絡しているその他大勢の企業の中の1社として扱われているようで、残念ながら、メールから「会いたい」という意欲が感じられません。

メールは文字だけで伝えるため、感情を伝えるのが難しいツールです。

対面や電話であれば、表情や声のトーンなどで感情を表すことができますが、メールはそれができません。あくまでも、書いてあることからしか、相手を判断することができないのです。

とはいえ、私もすべての営業メールを事務的に退けているわけではありません。

例えば、こんなメールはどうでしょう？


「貴社のウェブサイトを拝見して、ビジネスメールの重要性に改めて気づかされました。セミナーを開催されていることを知り、弊社の社内研修への導入に興味を持った次第です。ところで弊社では、現在□□□というサービスを提供しており、この内容が貴社の△△△の向上にお役に立てると確信しています。一度、詳しいお話をさせていただけませんでしょうか」


これを読む限り、「会いたい」のが先方の都合であることは明らかです。

しかし、ウェブサイトをよく読んで、短いながらも感想を述べてくれています。

ここには、定型文を貼り付けたような安易さは感じられません。

こちらのビジネスに関心を寄せていることが、文面からよくわかります。

少なくとも、メールを送る相手の事業内容を調べて、コミュニケーションをとろうとしています。

メールを送るのが初対面の相手なら、このように、あなた自身の言葉で、あなたにしか書けない内容を盛り込むことを忘れないでください。

他の誰でもない「あなた」が、別の誰かではなく「その人」にメッセージを送る。

考えてみると、これはラブレターを書くときの心構えと同じではないでしょうか。

ラブレターを書くときには、「あなた」自身の思いを書き綴るでしょう。

また、思いを伝える相手も、誰だっていいわけではないはずです。

初対面の人はもとより、相手から返信を受け取りたいときには、この「1対1のコミュニケーション」を常に念頭に置くようにしましょう。

まずは自分から相手のファンになる

メールの返信を確実にもらうには、どうすればいいのか。

それは、自分に〝興味〟を持ってもらうことです。

では、興味を持ってもらうには、どうすればいいのでしょうか。

実は、簡単な方法がひとつあります。

それは、こちらから相手に興味を持つこと。

人は自分に興味を持ってくれる人に対しては、無下な対応はしません。それどころか、意識して目を向けるものです。

メールも同じです。

この人はこちらのことを知っている、考えている、理解している、その上でメールを送っていると思われれば、その他多数のメールの中から抜け出ます。

無視できない、忘れることのないメールになるのです。

そこで、「あなたに興味がありますよ」というメッセージを伝えるためにも、まずは相手を知ることから始めましょう。相手の情報を集めるのです。

仕事ができる人は、メールを書く前に、相手に関係する情報を一通りチェックしています。会社のウェブサイトやフェイスブックなど、インターネットで収集できる情報はいろいろあります。

相手が個人的にＳＮＳで情報を発信している場合も、その内容を一通りチェックしておくといいでしょう。そして、相手が心地よく感じる範囲で「見ましたよ」と伝えるのです。

重要なのは〝心地よく〟ということろ。

当然、初対面の人と長年取引している人とでは、何を「心地よく」感じるかは異なります。

相手が会ったことのない人であれば、リサーチをしすぎると警戒心を持たれてしまいます。

さじ加減が難しいのですが、「何から何まで調べ上げている」「毎日監視されているみたい」という印象を与えるのは避けなければいけません。

関係が構築できている相手なら、フェイスブックの投稿に「いいね！」を押す。コメントを投稿する。もしくは、「先日、投稿されていたランチの写真、素敵でしたね」と軽く話題にする。これくらいならOKでしょう。

ただし、ブログやSNSの投稿をいくつも引き合いに出して、つながりを読み解くようなコメントを述べるのはNGです。

「ブログに書かれていたおいしいランチって、先週の金曜にフェイスブックに投稿していたお店のことですよね？」

あまり親しくない人にこんなことを言われたら、たいていの人は「そこまでチェックしているの？」と引いてしまうでしょう。

自分はそんなことはしないという人は多いのですが、「インターネットで相手の情報を入手しましょう」と言うと、なぜか多くの人がやりすぎてしまうのです。

相手に興味を持つのは大切ですが、その伝え方はもっと大切なのです。

件名に開封したくなるキーワードを入れる

相手に対する適度なリサーチが必要なのは、「あなたに興味を持っている」という事実を伝えるためです。でも、それだけではありません。

同時に、リサーチによって得られた情報をメールの中に潜ませて、相手に「自分ごと」だと認識してもらうためでもあります。

相手を知れば、何を「自分ごと」だと思うのか、把握することができます。それを盛り込めば、あなたのメールは相手にとって〝唯一のメール〟になるでしょう。

これは、返信を確実にもらうための重要な作業です。

なぜなら、「自分ごと」にならないメールは読んでもらえませんし、返信ももらえないからです。

人は、メールの何を見て、読む・読まないを判断するのでしょうか。

前章で述べたように、本文の見た目は大きな要素です。しかし、それ以前に重要なのが、メールを開封してもらえるかどうかです。そして、開封するかどうかを判断する基準が、差出人と件名です。

面識がない人や関係が構築できていない人からのメールは、差出人を見ても誰だかよくわからず、知らない人だと思えば、そのメールの優先順位は格段に下がってしまいます。

では、どうするか。

相手に注目してもらえる「件名」をつけるのです。

件名をつける際に心がけたいのは、相手が「自分ごと」だと思える言葉、相手の興味をひく言葉を使うことです。

2章でご説明したモデルルームの例なら、単に「ご案内」だけでは開封してもらえません。これでは、何の案内なのかわからないからです。

案内するのは新築物件なので、「新築物件のご案内」としても「自分ごと」だと認識してもらうにはほど遠いでしょう。

では、ここに過去に接触したときに知り得た情報、例えば、相手が関心を持っていた「自由が丘駅近く」「徒歩10分以内」という言葉があれば、どうでしょうか。

新築物件のご案内

自由が丘駅徒歩10分　新築物件のご案内

どちらが相手に強い関心を持ってもらえる件名かは一目瞭然でしょう。

ただし、件名には何を入れてもいいというわけではありません。

「〝自分ごと〟としてとらえてほしい」という強い思いから、【要返信】という言葉を件名に入れる人がいますが、この言葉を入れる必要はありません。ＴＯで受け取ったら、返信する義務があるのは共通認識だからです。

それなのに、あえて【要返信】と書いて返信を強調すると、相手を不快にさせることがあります。

【重要】【至急】も同様です。

これらの言葉が目にとまることによって開封の優先順位が上がったとしても、送り手の都合を押し付けていると思われれば、印象は非常に悪くなります。

「件名に【重要】と書いてあったけれど、本文を読んだらそれほど重要な内容ではなかった」

そう思われたら、次に【重要】という件名をつけても、

開封してもらえる件名の例

× お礼
◯ 2月3日（金）ビジネスメール講座参加のお礼

× ご相談です
◯ 来期販促方針のご相談

× 確認依頼
◯ A社提案資料確認のお願い

× ご報告
◯ B社打ち合わせ結果のご報告

「あの人のメールは、【重要】と書いてあっても全然重要じゃないからなあ。今回もそうだろうから後で見よう」

となるかもしれません。

また、件名に【至急】と書いてあると、「急いだほうがいい」とは思うけれど、コントロールされているようで気分が悪いと思われることもあるでしょう。

必ず返信がほしい、重要であることを理解してほしい、急いで対応してほしいといったことは、基本的に本文で伝え、場合によっては電話（声）をかけるなどしてフォローする。

あるいは、「1時間以内の返信が必要な場合は、件名に【至急】と書く」というルールをつくり、組織内で共有しておくのもいいかもしれません。

「逃げ道」を用意して催促メールを送る

「5日前にメールを送ったのに返事がない」

「そろそろ回答をもらわないと間に合わない」

こんなとき、私たちは、返信を〝催促〟するメールを出します。

ただ、催促のメールというのは気軽には出せないものです。

「返信がほしい」ときちんと伝えたくても、書き方を間違えれば相手を怒らせてしまうかもしれません。

大事なのは、相手の気分を害することなく返信をもらうことですから、どうしても慎重になります。

そのため、メールを書くのに時間がかかってしまう人もいます。

ただ、いくら失敗できないメールであっても、時間をかけすぎるわけにはいきません。

催促もタイミングが大切なのです。

では、催促メールを送るときに気をつけることは何でしょう？

まずは、相手を追い詰めないこと。

こういう状況では、どうしても相手のことを責めてしまいがちです。

しかし、そうすることによって、相手は不愉快になったり、萎縮したりするでしょう。

その結果、返信をもらえたとしても、その後の関係が悪化するかもしれません。

大切なのは、「逃げ道」をつくっておくことです。

例えば、こんな感じでしょうか。


「前回のメールがわかりづらかったような気がしたので、改めてご連絡しました」


これなら、相手も非難されているとは感じないでしょう。

あるいは、返信はちゃんと送られているのに、それが何らかのトラブルで受け取れていないという可能性もゼロではないでしょう。

その点も考慮に入れて、「ご返信いただいているかもしれませんが……」と前置きをした上でメールが届いていない事実を伝えると、角が立ちません。

「そんなに卑屈にならなくてもいいのでは？」と思う人もいるでしょうが、円滑にコミュニケーションをとるためには、ときに自分が一段「下がる」ことも必要です。

それに、繰り返しになりますが、この場合の最優先事項は返信を受け取ること。

相手が気を悪くしたり、反発したりすることは避けなければいけません。

なかには、「4月5日の11時14分32秒にお送りしたメールですが……」と、送信履歴を見て日付と時間を特定するような人がいます。

これをやる人は意外と多いのですが、証拠を突きつけられているような気分になりますから、相手はイラッとします。

同じように、何度も期限を守らない相手に「前回もお伝えしたのですが……」という前置きをすると責めているように受け取られることもあります。

相手を刺激するようなことを書くと、かえって返信がもらいにくくなることもあります。こちらからメールを送っている事実を伝えたいときは、最初のメールを「再送」するほうがスマートなやり方でしょう。


「先日、〇〇〇に関するメールをお送りしたのですが、届いておりますでしょうか？　心配になりましたので、再送いたします」

「最近、メールがうまく送れないことがあるので、念のため再送いたします」


こんなふうに、相手の非にふれない言い回しを使います。

そもそも、相手から返信がこないときは、「読んではいるが、返信するのを忘れている」「忙しくて、そもそもメールを読めていない」というケースがほとんど。だから、相手も罪悪感を抱いているものです。

一方的にならないよう、言葉を選んで催促メールを送りましょう。

期限を1秒でも遅れたら問い合わせる

催促のメールは、できることなら送らずに済ませたいものです。

そうであるなら、重要になるのは期限の切り方です。

ただ、メールは一方的なコミュニケーションツールですから、伝え方を間違えると、有無を言わさず従わせるような印象を与えてしまいます。

その点は注意が必要でしょう。

例えば、「返事がほしい」「資料を送ってほしい」という内容も、書き方を間違えると、一方的な要求だと思われます。

キツい印象を与えるのは、「〜してください」という表現。

「4日までに返事をください」「4日までに資料を送ってください」とだけ書くと、有無を言わさず命令するようなニュアンスになります。

では、一方的な印象を与えることなく期限を設定するには、どうすればいいのでしょうか。

まず、日時を決めるときには、相手の都合をきちんと考慮すること。スケジュールがタイトな場合、提示した日程でよいかどうかは確認すべきです。「4日の13時頃までにいただきたいのですが、可能でしょうか？」という問いかけで、相手の都合をうかがいます。

期限を切る際に気をつけたいのが、営業日で日数をカウントすること。金曜日に依頼して、月曜日が締め切りという場合、締め切りまでの日数は中2日になりますが、それは、相手にとっては休日です。

土日も通常業務という業種ならまだしも、そうではない場合、「週末を使って作業してください」ということになり、相手に迷惑をかけてしまいます。

相手の営業日を基準にして日数をカウントすることが、期限を守ってもらう上での前提です。

また、越えてはならない日付を期限に設定すると、交渉の余地がありません。あらかじめ2日ほど短めに伝え、「もう少し延ばせませんか?」と相談されたら、結果的に1日延ばす……といった着地点にするとよいでしょう。

ちなみに、打ち合わせの日程を決めるレベルなら、24時間以内に返信が届くのが一般的です。だから、メール送信時から24時間後を期限と考え、そこから少しでも超過したら、問い合わせのメール(電話)を送っても失礼にはあたりません。

ここで重要なのは、「少しでも超過したら」の部分。

仕事が速い人は、事前に決めておいた期限を少しでも超過した時点で、すぐに問い合わせのメールを送ります。

なぜでしょうか。

それは、すぐにメールを送ることで、

- **時間厳守という原則に価値を置いている**
- **遅れには断固とした態度で対応する**

というメッセージを相手に伝えられるからです。

人によっては、期限が過ぎていても、「こちらが遅れることもあるから」「人間関係を壊したくないから」と、催促をしない人がいます。

気持ちはわかりますが、正しい対応だとは思えません。

仕事の信頼関係は、期限を守ることによって築かれます。

例えば、あなたがある会社に転職したとして、その会社が遅刻に甘すぎる会社だったらどうでしょうか。

始業時間に遅れても誰も何も言わないし、ペナルティーもない。

そんな環境だったら、決められた時間にきちんと出社しようと思うでしょうか。

遅れそうになっても、「まあ、いいか」と急がなくなるでしょう。

それと同じことです。

一度遅れることを許容してしまうと、「ああ、この人は期限に間に合わなくても許してくれる人なんだ」と思われてしまいます。

そうなると、あなたから依頼する仕事は、次から期限が守られなくなります。結果として、あなたの仕事はどんどん遅れていくでしょう。

ですから、多少大げさに言えば、期限を1秒でも過ぎたら問い合わせのメールを送るべきなのです。

ただし、その際、相手を責めるような文面にはしないこと。

問い合わせメールを送るのは、仕事が遅れているという状態を放置しないためであって、決して相手を責めるためではないのです。

選択肢を示して返信を誘導する

こちらのメールは届いているはずなのに、なぜか返信がこない……。

こういう場合、つい相手を責めてしまいがちですが、実は送り手の側に問題があるということがよくあります。

返信がこないのは、相手が「どう答えればいいのかわからない」のかもしれません。

例えば、

「ご意見をお聞かせください」

「○○については、どのようにしたらよいでしょうか？」

こんな質問をされても、受け手としては正直困ってしまいます。

聞かれている範囲が広すぎるからです。

誠実な人ほど、相手の期待に応えようと、あれこれ想像して回答しようとしますが、そうなると、なかなか返信することができません。

返信がほしいなら、もっと具体的に質問すべきです。

「△△について、ご意見をお聞かせください」

「○○はAとBのどちらにしたらよいでしょうか？」

こんな感じでしょうか。

とくに、後者のように選択肢をあらかじめ示しておくのは有効な方法です。

選択肢を用意すれば、相手は提示されたものの中から条件に合うものを選ぶだけなので、処理が速くなります。

「今度、ご都合のいいときにお会いしませんか？」

これも、どう答えていいのか迷う質問です。

それなら、「来週いかがでしょうか？」と範囲を限定すれば、相手も答えやすくなるはずです。

あるいは、「私は月曜16時～、火曜13時～15時、金曜（終日）が空いています」と、自分の予定を先に開示して、そこから選択してもらうと話が速く進みます。

あいまいな問いには、あいまいな答えしか返ってきません。

こちらから選択肢を設定しておいて、相手の返事を誘導するのも、仕事を速く進めるためのコツなのです。

相手の感情を大切に受け止める

確実に返信を受け取りたいなら、相手の心の動きに関心を寄せてコミュニケーションをとらなければいけません。

相手の感情を受け止め、その上で承認・共感を示すのです。

メールに限ったことではありませんが、人は自分の感情を理解してくれる人をぞんざいには扱いません。それどころか、その人のために、できるだけ協力しようとするのではないでしょうか。

だから、相手がメールで感情を吐露したら、無視せずに拾ってあげましょう。

「昨日まで風邪で寝込んでいました。熱が下がらずつらかったです」とあったら、

「大変でしたね。でも、元気になられたようでよかったです」

と返す。「新店舗のスタートも好調で、やっと自信が出てきました」とあれば、

「スゴいですね！　〇〇さんならきっと大丈夫だと思っていました」


と励ます。感覚的には、20％増くらいで感情を表現するといいかもしれません。

返信のときに、対応が素っ気なくなりそうなとき、一言、二言で済んでしまいそうなときは、少しだけ言葉を補いましょう。

例えば、取引先から、

「納品スケジュールについてですが、悪天候などに見舞われた場合を想定すると不安

があります。2〜3日の猶予を持つことは可能でしょうか？」

というメールが届いたとします。それに対して、

「承知しました。再調整いたします」

という返信と、

「ご指摘いただいた納品スケジュールについては、私も〇〇さんが懸念されているように少し心配です。関係者と再調整して、明後日までにはご連絡いたします」

どちらが好印象でしょうか？

前者は「あなたがそう言うなら従います」と受け取れる。

一方、後者は「私も心配です」と、相手の感情（不安）を受け止めています。

この例からもわかるように、補うのは「私もそう思う」「あなたの気持ちがわかる」というメッセージです。

いたずらに言葉を重ねる必要はないので、「あなたの意見に同意します」「あなたの気持ちに共感します」という言葉を添えるだけでいいのです。

こんなふうに言葉を添えるのは、効率の面から見るとマイナスではないかという意見もあります。つまり、「承知しました。再調整いたします」と書いて、すぐに返信したほうがいいのではないか、というのです。

確かに、この本では1秒でも速く返信することを推奨しています。限られた時間の中で効率よく仕事を進めるには、メールを短く簡潔にし、通数を少なくするのは望ましいことには違いありません。

ただ、効率を重視しすぎると、感情面がおざなりになってしまう。

この点は、慎重に考えなければいけません。

人間は感情を持った生き物です。その人間同士がコミュニケーションをとっている以上、メールにおいても感情という要素を無視することはできません。

感情を大切に扱わなかったことで相手を怒らせてしまえば、その時点で仕事に急ブレーキがかかります。だからこそ、感情を上手に扱うことは、実は効率化の要でもあるのです。

その証拠に、仕事が速い人こそ感情の扱いをおろそかにしません。彼らは、相手の感情のケアと仕事のスピードが無関係ではない、とよく知っているのです。

相手の感情を大切にする効果について、もうひとつ付け加えておきましょう。

・お礼を述べる
・感謝の気持ちを伝える

この2つは、相手にプラスの印象を与えたいときに一番取り組みやすいアクションですが、うまく使えば、返信のスピードをコントロールすることができます。

もし、あなたの問い合わせに相手が素早く回答してくれたら、あるいは頼んだ仕事を予想以上に早く終わらせてくれたら、その時点で「すぐに行動してくれた」という事実に感謝するのです。

期限より早く返信をくれた相手には、

「スピーディーなレスポンスで驚きました！　ありがとうございます」

「迅速なご対応で助かります。ありがとうございました」

と、お礼を述べましょう。

相手は早めの対応が喜ばれたと感じて、次も「前倒し」で仕事を進めてくれるはずです。

5

相手の心に刺さる言葉を使う

言葉で相手の心を動かす

ここまで、目的やビジュアル、返信しやすさについて解説してきました。

しかし、メールの根幹は、何と言っても「言葉」。

同じ情報でも、言葉の使い方によって伝わり方が大きく異なります。その意味で、仕事の成否は、どんな言葉を選ぶかで決まるのです。

もっとも、単に伝わればいいというのなら、言葉を吟味する必要はないでしょう。問題はスピードです。

仕事の速度を上げたいなら、使う言葉にこだわらなければいけません。

例えば、あなたが取引先の担当者に書類の最終チェックを依頼するとします。メールにデータを添付して、確認をお願いする旨のコメントを書き、最後に一文を添えるとしましょう。

その一文は、どのように書くでしょうか。

「お手すきのときにお返事ください」

「修正の有無について、明日の17時までにご指示ください」

どちらを選ぶかで、あなたのその後の対応は大きく変わってきます。

前者であれば、いつ返信がくるのかはまったくわかりません。相手の仕事の進め方次第だからです。しかし、後者なら時間を意識して仕事を進めることができる。

修正があってもなくても次の日の17時までに連絡がほしいと書いているので、それまでに返信がくる前提で予定をたてることができます。

どちらがスピーディーに仕事ができるかは明らかでしょう。

あるいは、お客様からクレームが寄せられたとき、最初にどんなメールを返すかで、事態は大きく変わってきます。

相手の怒りをさらに煽《あお》るような言葉を使えば、トラブルを引きずることにもなりかねません。一方、対応次第では信頼を回復できるかもしれません。

クレーム対応のように失敗できないときはもちろんのこと、コミュニケーションを円滑にしたいときには、言葉の〝センス〟が要求されるのです。

仕事は、相手に動いてもらわなければならないことばかりです。

もちろん、相手から何かを要求されることもあるでしょう。

そのときに使われるのは、言葉です。

その意味では、仕事を加速させるのも減速させるのも言葉次第だと言えるでしょう。

では、相手を動かす言葉、相手の心に刺さる言葉とは何か？

詳しく見ていくことにしましょう。

使えるフレーズはストックしておく

「メールが上手な（うまく書ける）人とそうでない人は、何が違うのでしょうか？」

こんな質問をされることがあります。

いろいろな要素が考えられますが、一番の違いは「表現力」ではないでしょうか。

私のところに届くメールを改めて見てみると、仕事が速い人のメールは、表現が豊かであることに気づきます。

あいさつ、お礼、お詫び、依頼、苦言……。

どんな場面でも的確で、ときに絶妙な言い回しを使っていて、それが読み手を動かすことにつながっているのです。

では、豊かな表現力を身につけるには、どうすればいいのでしょう？

ひとつはボキャブラリーを増やす。つまり、語彙力をつけることです。

語彙力をつけるには、読書をする、辞書を読むといった方法が効果的だと言われていますが、今日明日にでもメールを上達させたい人にとっては、そんな悠長なことをしている時間はありません。

ならば、どうするか。

うまい人のフレーズを応用しましょう。必要に応じてマネをすればいいのです。

「それってパクリでは？」と思われるかもしれませんが、あいさつや締めのフレーズには著作権などありません。

それに、私のまわりのメールがうまい人は、「いいなと思うメールはストックしているんです」と話しています。やはり、仕事が速い人は、必要になってから動くのではなく、日頃から材料を準備しておいて、ここぞというときに使っているのです。

とはいえ、そのまま使わせてもらうのは気が引けるという心理も理解できます。

それなら自分流にアレンジすればいいでしょう。

メールを読んで、自分はなぜいいと思ったのか、なぜ好感触だったのかを掘り下げていくと、響くポイントが整理され、独自の〝刺さる〟フレーズがつくれるはずです。

では、ここで応用できそうなフレーズをいくつか紹介しましょう。

「〇〇さんだからこそ、お願いしております」

相手に全面的な信頼を寄せていることを示す言い回しです。

こんなふうに言われると、たとえリップサービスだとわかっていても、期待に応えようと思うものです。

「〇〇さんの他に頼める人がいません」「〇〇さんにお願いしたいのですが、いかがでしょうか？」という表現も、同じような印象を与えます。

「お力をお貸しください」

これも、ストレートにお願いすることで、「そこまで言うなら……」と相手に思わせる効果があります。

このフレーズは、単独ではなく、別の言葉と組み合わせると、より力強くなります。

例えば、「アンケートにご協力ください」と書くよりも、「アンケートの回収にお力をお貸しください」と書くほうが、相手の心に響くでしょう。
「デザイン案にご意見ください」より、「さらによいデザインにするために、ご意見をうかがっています。みなさんのお力をお貸しください」と訴えかけるほうが、たくさんの意見が集まるはずです。

「申し訳ありません。社の方針でして……」

相手から無理な依頼をされて、どうしても断りたいときの〝殺し文句〟です。
個人の意思とは関係なく、「会社で決まっている」と言われれば、どうしようもありません。当然、嘘があってはならず、使える場面も限られてきますが、ピンチを切り抜けたいときに使えるフレーズです。

これらはほんの一例ですが、仕事が速い人ほどこうした「殺し文句」を普段からストックしておいて、いざというときに活用しています。受信メールの中に使えそうなフレーズがあったら、自分なりの分類で保存しておくことをおすすめします。

ネガティブフレーズをポジティブフレーズに変換する

以前、セミナーの受講者から悩みを打ち明けられたことがあります。

「メールで相手を怒らせてしまうことがよくあるんです。上司からは『またか……』と呆れられてしまうし、どうしたらいいんでしょうか？」

そんな内容でした。何が問題なのだろうと過去のメールを見せてもらったところ、この人がなぜ相手の気分を害してしまうのか、何となくわかったような気がしました。表現がストレートすぎるのです。

加えて、言葉が足りないという問題点もありました。

ビジネスシーンでは、短く簡潔に伝えることが求められます。

まわりくどい表現よりは、ストレートな表現のほうがわかりやすいものです。

しかし、ストレートな表現は、端的に伝わる反面、一方的に意向を「押し付けられている」ようで、反発を招くこともあります。

例えば、

「ルールですのでよろしくお願いします」

「おっしゃっていることがわからないので、もう一度説明してください」

「期日までに対応できません」


これらは書き手が思っていることを率直に表現していますが、有無を言わせない、相手を否定する、読み手に要求を突きつけるような強いニュアンスが含まれています。

では、こんなふうに言い換えたらどうでしょうか。


「ルールですのでよろしくお願いします」

↓こちらの決まりで恐縮ですが、ご対応をお願いいたします。

「おっしゃっていることがわからないので、もう一度説明してください」

↓私の理解不足で申し訳ございませんが、再度ご説明いただけますと幸いです。

「期日までに対応できません」

↓期日を1日オーバーしてもよろしければ対応可能です。


同じことを伝えるのでも、ちょっと言い方を換えるだけで丸くなる。こんな例はたくさんあります。

仕事が速い人は、このように表現のニュアンスにも敏感です。

相手に正しく伝えることは当然で、さらに、どうすれば印象よく伝わるかを意識しているのです。

正しく伝わっても、印象が悪ければ気持ちよく動いてもらえません。

そうなると、結果として、相手の行動が遅れることにもつながります。

仕事のスピードを上げたければ、自分の努力だけでは限界があるということ。相手が気持ちよく動いてくれるからこそ、結果的に仕事が速く進むのです。

では、仕事が速い人は、印象よく伝えるためにどんなことをしているのでしょうか?

私の印象では、仕事が速い人は、あまりネガティブな言葉を使いません。

ネガティブな内容を、できるだけポジティブな表現に変換しているのです。

例えば、「集合時間に遅れずに来てください」と伝えたかったら、

「集合時間に間に合うように、余裕を持ってお越しください」

と言い換える。また「勝手にデータの修正を行わないでください」なら、

「データの修正が必要なときは、担当者にご連絡をお願いいたします」

こうすれば、相手を怒らせることなく、こちらの望むアクションをとってもらえるのではないでしょうか。

4章でふれた「〜ください」という表現も、「〜いただけますでしょうか」という提案・疑問の表現で言い換えることができます。


「ご協力ください」

↓ご協力いただけますでしょうか。

「ご指示ください」

↓ご指示いただけますでしょうか。

「ご連絡ください」

↓ご連絡いただけますでしょうか。

言い換えのポイントはさまざまですが、もうひとつ大事なことを挙げるとするなら、自分の行動を詫びるのではなく、相手の行動に感謝することでしょう。

「お電話に出られず申し訳ございません」より、「お電話をいただきありがとうございます」と書くほうが気持ちのいい印象を与えます。

メールを送信する前に、ポジティブな表現に言い換えられる部分がないか、探してみましょう。

ムダな前置きはカットする

人と会話をしているときに、つい、イライラしてしまうことはないでしょうか。

こちらの話を聞いてくれない（自分の話ばかりされる）、言うことをすべて否定される、結論が見えない……。

いらだつ原因はいくつかありますが、私が困るのは「前置き」が長いことです。

言い訳なのか、気配りなのか、前置きが長い人の話を聞かされていると、「早く本題に入ってくれないかなあ……」と思ってしまうのです。

その点、話がうまい人は余計な〝飾り〟をつけないで、すぐに本題に入ります。

だから、結論がわかりやすい。

聞いている側も、自分に何が求められているのか、どうコメントすればいいのかがはっきりするので、ストレスがありません。

これは会話の話ですが、メールにおいても同じことです。

メールの添削をしていると、本文中に必要のない前置きを入れている人が意外と多いことに気づきます。

「**前回の打ち合わせでもお伝えしましたが、**念のため今後の進行についてお知らせします」

「**まだ正式に決定したわけではないのですが、**来月の発売が濃厚となりました」

「**内容にはまったく問題ないのですが、**1点だけ急ぎで修正していただきたい点がございます」

太字の箇所は、削ってもまったく問題のないフレーズでしょう。

前に話したかどうかはさておき、改めて話題にするなら断る必要はありません。

正式に決まっていないなら予定だとわかればいいのですし、内容に問題がないなら、どこに問題があるのかを早く聞きたいのです。

変にもったいぶった書き方をするのも、おすすめしません。

「お答えとしては、Aだとも言えますし、Bだとも言えます」

「Aが効果的だと言う人は多いかもしれませんが、実はBのほうが有効です」

「個人的にはAですが、社内的な事情などを考えると、Bが適切かもしれません」

どれも、歯切れが悪く、ストンと理解できない言い方です。

友人や知り合いに送るメールならまだしも、ビジネスメールであれば、必要なのは結論です。いたずらに言葉をもてあそぶ必要はありません。

また、結論に至るプロセスを長々と説明する人もいます。

「先日の件ですが、上司と相談したところ、○○○だという点は理解を得られましたが、□□□だけはスケジュール上の問題で難しいのではないかという判断でした。その後、上司と何度も話し合ったのですが、上司の意見は変わりませんでした。何とか

できないものかと関係部署とも調整したのですが、やはり無理でした。そのため、今回のご提案はいったん見送らせていただきたいと存じます」

経緯の説明なんて必要ないとまでは言いませんが、相手にとって重要なのは結論です。プロセスの説明は、できるだけシンプルにまとめたいところです。

仕事が速い人のメールには、こうしたムダなフレーズがほとんどありません。そもそも書く必要のないことなら、そのフレーズをタイピングする時間がもったいないからです。

こういったムダな情報は、送る側の過剰な気遣いや自己弁護によるものがほとんどです。

ただ、それはメールを受け取る側にとっては、あまり重要ではありません、なくても意味が通る前置きやもったいぶった表現は、積極的にカットするか、わかりやすい表現に変換して送るようにしましょう。

「お手すきのときに」という配慮は必要ない

メールの添削をしていると、営業メールなどで、

「初めてご連絡を差し上げるご無礼をお許しください」

といったフレーズを見かけます。

ここまで恐縮するのは、きっと、「こんなメールを送ったら迷惑かな」「面識がないのに、突然メールを送って失礼かな」という心理が働いているのでしょう。

私も営業の経験があるのでよくわかりますが、知らない人にアプローチするのはハードルが高いものです。

また、「迷惑だよ」「いらない」とはっきり言われると、心が折れそうになります。はっきりと言われることがなくても、営業メールは返事がこないことも多いので、極端に下手に出てしまうのでしょう。

しかし、「お許しください」と書かれていると、〝許しを請うほど無礼なことをしている自覚がある〟と宣言しているように思えます。

面識がない関係で突然メールを送っているからこそ、敬意を表すことは大切です。

ただ、相手のビジネスに役立つと考えてメールをしているなら、そこまで卑下する必要はありません。

初めての人にメールを送るなら、

「突然のメールにて失礼いたします」
「初めてご連絡いたします」

という書き出しで十分です。

客観的に見て、この後に続く文章を読みたいと思えるような表現になっているか、考えてみてください。理想は、取引先からのメールと同じように違和感なく読み進めてもらうことです。

「やけにへりくだっているな。営業メールだな」と警戒されたり、「定型文みたいだから一斉に送っているのかな」と迷惑がられたりすることがないよう、引っかかる要素は極力排除します。

相手に対する配慮という意味では、「お手すきのときに……」というフレーズもよく使われます。

そもそも「お手すきのときに」と書いてあったら、忙しい人は「急がなくていいみたいだから後にしよう」「忙しいからそのうち返事をしよう」と思うでしょう。

今すぐに返事ができる状況であったとしても、後まわしにするかもしれません。「お手すきのときに」という言葉を目にした瞬間、そのメールは今すぐには返信する必要のないメールになるのです。その結果、返信が後まわしになって、最悪の場合、返信を忘れられてしまうこともあります。

相手への配慮は大切ですが、返事を受け取るというゴールから遠ざかったのでは意味がありません。

期限を伝えなければならないなら、「4月10日（月曜）までに」と、はっきり指定しましょう。期限があることで、相手はいつまでに対応すればいいのか判断できますし、こちらもいつまで待てばいいのか、心づもりができます。

「お手すきのときに」がＮＧなのは、もうひとつ理由があります。

相手に必要以上に気を遣うと、こちらが下手に出た状態でパワーバランスが固定されてしまいます。これはビジネスそのものに悪影響を及ぼします。

仕事が速い人はこのリスクをよく心得ているので、安易に「お手すきのときに」とは書かないのです。

「させていただきます」を排除する

メールを読みづらくしている原因のひとつに、過剰な敬語があります。

例えば、「させていただきます」という言い回し。

どうも、多くの人が「させていただく」を多用、あるいは誤用しているように思います。

たまに、「メールを送らさせていただきました」と舌を噛《か》みそうな表現を使っている人がいます。これなどは「送らせていただきました」とするところに「さ」が入っており、明らかに間違った使い方です。

「させていただきます」は、たいていの場合、「いたします」で事足ります。

例えば、「資料を作成させていただき、お送りさせていただきます」は、「資料を作成し、お送りいたします」とすると、文字で見ても声に出してみても、後者のほうが格段に滑らかです。

仕事が速い人は、メールの中で「させていただきます」といった表現をあまり使いません。この類の〝まどろっこしい表現〟が、相手に違和感を与え、理解を妨げることをよく理解しているからです。

「させていただきます」ばかりのメールは、黙読をしていても頭の中でろれつが回らなくなり、内容をうまく理解することができなくなります。

先に述べた「いたします」を使って、「メールを送信いたします」「ご連絡いたします」とすれば、ずっとシンプルになり、内容もスッと頭に入ってきます。

どうしたら読み手に違和感を与えず、負担をかけずに読んでもらえるか――。

これが一番大事なことなのです。

たいていの用件は「です」「ます」「ください」「いたします」の語尾で伝えることができますから、多用する癖のある人は、「〝させていただく〟は禁止」くらいの気持ちでメールを書いてみてもいいのではないでしょうか。

「了解しました」も、場合によっては、読み手に違和感を抱かせる表現です。目上の人に使用すると、失礼にあたる可能性があるからです。

「承知しました」「かしこまりました」も、相手の発言を理解したことを伝える表現なので、バリエーションとして使い分けるとよいでしょう。

安易に「思います」を使わない

私が「させていただきます」と同じくらい気になるのが、「思います」という言い回しです。

「思います」の言葉の裏には、責任逃れ、自信のなさ、不安などがあるのでしょう。しかし、「そこはあなたが断言しないといけないでしょう」という箇所で「思います」が使われていると、気になって先を読み進めることができません。

そもそも「思います」というのは、意見や感想、自分の気持ちを伝える際に使う言葉です。

「○○さんのご本を読んで大変勉強になりました。後輩にも薦めたいと思います」

これは正しい「思います」の使い方。あるいは、「私はA案のほうがよいと思うのですが、いかがでしょうか？」という使い方も適切です。

しかし、最近メールを添削していると、「お支払いは来月末だったと思います」「納品は来週になると思います」といった使い方が目立つのです。

自分の仕事のことなのに、なぜ「思います」なのか不思議ですし、「ちゃんと確認してからメールしてよ」と思います（これは正しい「思います」ですね）。

メールの場合、情報を伝えるすべは〝文章〟しかありません。ですから、相手に誤解を与えないように記すことが必要です。

まだ確認していないが、とりあえず回答するというメールなら、

「お支払いは来月末だったと思います」としないで、

「お支払いは来月末ですが、経理に確認してから改めてご連絡いたします」

という書き方をすればよいのです。

ちなみに「思います」を多用する人は、この言葉を口頭でもよく使います。

もちろん、推測の域を出ない内容や予測など、断言できないことはたくさんあります。あるいは、戦略として、断言しないほうがいい場面もあるでしょう。

そのようなときは、

「これは私の予測なのですが……」

「私見ではありますが……」

と断るか、「細かいことは確認いたしますが」と前置きをすれば「思います」を使わずに表現することができます。

「思います」は自分の意見や感想、考えを述べるとき、また不確かなことを言わざるを得ないときに使い、そうでない場合は断言をする。断言できないときは、前置きをする。

このスタンスを貫くだけでも、あなたのメールは、今以上にわかりやすくなるはずです。

3つのポイントでケンカ腰の相手をいなす

研修セミナーでは、「メールで相手を怒らせてしまいました。何がいけなかったのでしょう？」といった質問を多く受けます。

メールが「言葉」で構成されている以上、伝え方に関するトラブルとも無縁ではいられません。

メールのやりとりは、送り手と受け手双方の語彙力や読解力、コミュニケーション力によって成り立っています。ということは、両者の力に大きな差があると、そこから問題が発生する可能性もあります。

だから、こちらがどんなに注意深く書いても、相手に正しく伝わらなかったり、怒らせてしまったりすることもあるのです。その原因は、あなたの問題かもしれませんし、相手の問題かもしれません。

では、相手を怒らせてしまったら、どのように対処すればいいのでしょうか。メールのやりとりで「こじれた」場合、原因の分析をするよりも、まず事態を収拾することを優先させなければいけません。

「お怒りのメール」が届いたとき、ケンカ腰の相手をいなすポイントがあります。

ひとつめは、「すぐに対応する」ということ。

ずっと悩んでいて初動が遅れたために、さらに相手を怒らせてしまったというのは最悪の展開です。ですから、何はともあれ、すぐ対応しなければいけません。

連絡手段をメールにするか電話にするかは、状況に応じて判断しましょう。

ただし、どの手段であれ、相手の怒りの原因が明らかにこちらのミスではなく、行き違いや誤解によるものであったときには、「不用意に謝らない」。これが2つめのポイントです。

「謝った＝非を認めた」ことになり、後々問題になる可能性があるからです。もし、トラブルの原因が明らかでなければ、謝罪の必要があるとわかるまでは謝らないほうが賢明です。「謝ればいいってもんじゃないんだぞ！」と火に油を注ぐことになるかもしれません。

とはいえ、全面的に非がないというケースは少ないもの。ですから、どこかのタイミングでは、何らかの形で謝罪をすることになるでしょう。

ただ、謝るときにもコツがあります。

「このたびはご心配をおかけして申し訳ありませんでした」

と、あくまでも「心配をかけたこと」に対してお詫びをするのです。トラブルに関する具体的な問題については、ふれる必要はありません。問題に真摯に取り組みつつ、事態を正確に把握しているという態度を示すのです。

クレームやお怒りメールの場合、その後の対処は、相手との関係性によって変わってきます。相手が取引関係にあるなら、「ご心配をおかけしたこと」をお詫びし、即答できないときは、「上司と相談をしてから改めてご連絡いたします」というメールを送ります。

そして、その日のうちに再度、連絡を入れる。

お問い合わせフォームから連絡してきた人には、会社によって対応のマニュアルがあると思いますので、基本的にはそれに従います。

実は、お問い合わせフォームなどからクレームのメールを送ってくる人は、「話を聞いてほしい人」である可能性が高いです。

「製品に不具合がある」といった具体的なクレームなら、交換や返品というアクションで対応できますが、「話を聞いてほしい人」の場合、とるべき具体的なアクションが存在しません。ひたすら、相手の話を受け止めて、

「貴重なご意見をありがとうございます。今後の参考にさせていただきます」

という姿勢で締めくくるしかないのです。話を受け止めることがとるべきアクションであるとも言えるでしょう。

なお、細かいことですが、クレームなどのメールに返信をする際には、相手がつけてきた「件名を変える」。これがケンカ腰の相手をいなす最後のポイントです。

ケンカ腰の相手をいなす３つのポイント

すぐに対応する

初動が遅れて相手をさらに怒らせないように、素早く対応する。

不用意に謝らない

謝罪するのは、原因が明らかにこちらのミスであるときだけ。

件名を変える

自分でつけた件名を見て、相手が怒りを再燃させないように。

相手が怒りに任せてつけた件名、例えば「貴社の対応は最悪です」のような件名に返信をすると「Re：貴社の対応は最悪です」となります。そのまま返信すると、相手はその件名を再び見ることになります。そうなると、見るたびに怒りの感情がよみがえり、まとまりかけたものも、まとまらなくなってしまいます。

件名は「このたびはご心配をおかけいたしました」などに変えるとよいでしょう。

聞きづらいことをあえて聞く

私たちは、コミュニケーションの手段を考えるとき、メールよりも対面の会話のほうが優れていると思いがちです。

確かに、表情や声などを使って微妙なニュアンスを伝えられるので、対面のほうが有利な側面があるのは否定しません。対面ならば、相手の理解を確認しながら話を進めることができます。

ただ、どんなときも会って話すほうがいいのかというと……そうでもないのです。

なかには、メールだからこそできることもあります。

例えば、聞きづらいことを尋ねるようなケース。

自社の商品やサービスを売り込んでいて、あと一歩のところで断られてしまったら、「どうしてだろう?」と思うでしょう。

しかし、対面でストレートに聞くのははばかられます。

また、相手も身構えて、当たり障りのない回答をしてお茶を濁すかもしれません。

その点、メールなら対面で向き合うような緊張感はありませんから、深掘りすることができます。

セミナーでは、いつも「ダメもとで聞いてみましょう」と言っていますが、聞きづらいことでも、何かしらの情報を引き出せそうなら試してみるべきです。

とはいえ、闇雲に聞くのは自殺行為。

こういうときには、

「可能な範囲で構いませんので……」

「もし差し支えなければ……」


というフレーズを使ってみてください。

これだけのことですが、意外と効果があります。

「今回の件、どうしてダメだったのか、可能な範囲で教えていただけませんか？」

という一文を入れると、理由を教えてもらえる確率が高まるのです。

ただし、このとき、注意すべきポイントがあります。それは、同時に「教えるメリット」を伝えること。

そもそも相手にとっては、言いづらいことを話す義務などありません。それでも、あえて教えてもらうためには、それなりの理由が必要でしょう。

そこで、

「来年のお取引にはご満足いただける状態で臨みたいので……」
「○○様とは末永くおつきあいしていきたいので……」
「何としても○○様のお役に立ちたいと考えているので……」

というフレーズを添えて、教えることが相手にとってもメリットになるということを伝えます。

もし、新人であれば、

「これから一人前の仕事人として向上していきたいので、後学のために教えていただけませんか？」

こんな表現もいいかもしれません。

大事なのは、「あなたのために役に立ちたい」という強い思いです。

だから、「上司への報告に必要なのでご教示いただけると幸いです」といった、自分のためにしかならないような提案では逆効果でしょう。相手も心を許してはくれません。

「それなら、教えよう」と思ってもらえる理由を探しましょう。

言葉のレベルを意識する

伝達力を高めるためには、シチュエーションにふさわしい言葉をチョイスしなければいけません。

しかし、どうも言葉と状況の「ミスマッチ」が起きているような気がします。

あるとき、仕事でおつきあいのある人からメールをいただいて、何となく違和感を覚えました。その理由が何なのか、すぐにはわからなかったのですが、メールを読み返してみて、ミスマッチに気づいたのです。

「大変ご面倒かとは存じますが、データの再送を何卒よろしくお願いいたします」

これは、私がエクセルのデータを添付し忘れたので、その再送を依頼されたメールに入っていたフレーズでした。

通常、人に作業を依頼するときには、その作業の程度（手間）に合わせてフレーズを変えるものです。この場合の「メールにデータを添付して送る」という作業は、大変なことでも煩雑なことでもありません。しかも、今回はこちらの過失です。

それなのに、「大変ご面倒かとは存じますが」などと言われると、必要以上に恐縮されているような気がするのです。

余計なお世話ですが、この人はもっと複雑で手間のかかる作業をお願いするときには何と言うのだろう……と思ってしまいます。

通常、何かを依頼するときには、左のような言葉のレベルがあります。

“依頼”の言葉のレベル

軽⇒重	
軽	お手数ですが……
	ご面倒かとは存じますが……
	お手間をとらせて恐縮ですが……
重	お手数をおかけしまして はなはだ恐縮の至りではございますが……

・それぞれのフレーズの最初に「大変」をつけると強調される。
・通常業務の範囲（データのやりとりや資料の確認など）なら「お手数ですが」で十分。

他にも、お詫びをするときや、相手に苦言を呈するときなども、言葉のレベルがあるでしょう。このレベルがズレると、相手に違和感を与えることになります。

こういう話をすると、「そんなに深刻な話ですか？」と、あまりピンとこないような表情をする人がいます。

確かに、言葉のチョイスを少し間違えたくらいで、大きな損害が生まれるということはありません。しかし、伝えたいことが、伝えたいときに、伝えたいレベルで相手に届かなくなるのは大きな問題です。

心の底から怒っているのに、その思いがそれほど相手に伝わらない、ということが起きるかもしれません。あるいは、相手に時間も手間もとらせるような面倒なお願いごとをするときに、軽い言葉で頼んでしまうおそれもあります。

また、言葉のレベルをある程度頭に入れておかなければ、メールを送るたびに何をチョイスすべきか考え込むことになるでしょう。

実際、研修の現場でも、「『お手数ですが』と『恐縮ですが』のどちらを使ったらいいのか悩んでしまう」と、長時間考え込んでいた人がいました。

もし、自分もそういった傾向があると自覚している人は、一度、言い回しの強弱を整理してみましょう。

もちろん、シチュエーションと言葉は1対1で対応するものではありませんし、言葉のチョイスに個人差が生まれるのは当然です。

しかし、言葉の重みが自分の中で何となくイメージできれば、場違いな言葉を使うことは少なくなりますし、何よりメールを書くスピードが速くなります。

6

メールの
処理時間を削減する

4つのアプローチで処理時間を減らす

仕事が速い人は、どんなメールを書いているのか？

前章までは、「目的」や「ビジュアル」「文章」など、どちらかというと〝間接的な〟側面について解説してきました。

もちろん、今までの内容も重要なのですが、やはりメールの処理時間そのものを減らさなければ、仕事の速度を上げることはできません。

そのためには、何に着手すればいいのでしょうか。

それが、本章のテーマです。

処理時間を減らすためには、いくつかのアプローチがあります。

最初は、いかに早く返信をするか。

いわゆる「即レス」です。

メールの返信は、できるだけスピーディーにしたいものです。返信に時間がかかれば、自分の仕事はもちろん、相手の仕事を停滞させることになるからです。

次のアプローチは、「通数の削減」と「書く時間・読む時間の短縮」。

1章で、メールの処理時間に関する次のような〝式〟をご紹介しました。

処理時間＝メールを読む時間×通数＋メールを書く時間×通数

これを見れば、処理時間を減らすための方法が見えてきます。

まず有効なのは、通数そのものを減らすという考え方。

メールを書くにせよ、読むにせよ、通数が少ないに越したことはありません。

したがって、1日にやりとりするメールの数を減らすことを考えるのです。

次は、書く・読むという基本的な作業時間の短縮。

この2つの基本動作の速度を上げれば、単純にメールの処理時間を減らすことができます。どちらか一方でも時間を縮められれば、その分、メール以外の仕事に時間を割くことができるでしょう。

即レス、通数の削減、書く時間の短縮、読む時間の短縮。

この4つのアプローチを実践すれば、メールに費やす時間は確実に短くなります。

では、具体的にどうすればいいのか、順にご説明します。

すべてのメールに即レスする

まずは「即レス」について考えてみましょう。

何度も書いてきましたが、メールを使ったコミュニケーションは、相手があって初めて成立するものです。

送り手がメールを投げて、受け手がそれを受け止める。

受け止めたら、返答をしたためて、再び投げる。

「往復」の意思確認が何度も繰り返されて、仕事が進んでいきます。

このメールがどこかで止まってしまったら、確認の電話をしたり、メールを送ったりすることになるでしょう。場合によっては、作業をやり直したり、謝罪が発生したりするかもしれません。

このように、本来なら発生しなかった作業によって仕事を停滞させないように、すべてのメールには漏れなく返信していきたいところです。

「返信した」と思っていても、実際には送り忘れていることもよくあります。

研修やセミナーなどでみなさんからお話を聞くと、2～3%程度のメールをうっかり送り忘れているようです。

「うっかり」のミスもあれば、「どう書こうか迷っているうちに時間が経ってしまい、結果的に返信できなかった」というものもあるでしょう。

故意であっても過失であっても、相手から見ると「返信がない」という事実に変わりありません。

こうした「うっかり」や「迷っているうちに時間が経ってしまった」という事態を防ぐには、読んだらすぐに返信（即レス）する習慣をつけることです。

手元に未処理メールが30通あるのと10通あるのでは、どちらがその後の作業がスムーズになるでしょうか。答えは言うまでもありません。

まずは、手元にあるメールを1通でも少なくする努力をすべきです。

そのための「即レス」を心がけましょう。

ちなみに、私の場合は、受信後「1営業日以内」に返信するという自分ルールを設けています。

相手から提示された期限が3日以内でも、自分ルールのほうを優先します。

このように、自分の中でルールを決める。

決めたら、例外をつくらずそれを徹底する。

これこそが、即レスを実現するコツなのです。

ちなみに、即レスは相手に対する「配慮」でもあります。

送信者には、メールが届いているか、開封されているかどうかがわかりません。

仮に開封されていても、その内容を相手が認識しているかどうかはわかりません。

例えば、月曜日にA社とB社、2つの会社に「今週の金曜日までにお見積もりをお願いします」というメールを送ったとします。

A社の対応・・・月曜日に依頼に対するお礼メールを返信。金曜日に見積もり提出。
B社の対応・・・金曜日に見積もり提出。

両社とも期限内に見積もりを提出しています。

しかし、B社の対応だと、見積もり依頼の送信後、そのメールが届いているのか、読んでくれているのか、見積もりをもらえるのか、不安にならないでしょうか。

その点、A社は、即レスをすることで相手の不安を解消しています。この場合は、見積もり依頼のお礼を通じて、メールが届いていることを伝えています。

このように、即レスを心がけることは、相手に安心感を与えることでもあるのです。

処理できないときはメールのチェックをしない

即レスを徹底するときに、もうひとつ注意することがあります。矛盾するようですが、メールをチェックするという行為にこだわりすぎないこと。

メールを受け取ったらすぐにチェックすべきだと考えて、デスクトップ通知（メールが届いたら、その件名がパソコンの右下などに表示される機能）をオンにしている人がいます。

メールの処理が遅い人は、新しいメールが届くたびに気になってしまい、そのつどメールボックスをチェックします。その結果、今行っている作業がおろそかになってしまいます。

例えば、企画書の作成など集中力が必要な仕事をしていたとします。そこで、メールが届くたびにチェックをしていたら、どうでしょう。

メールを確認してからもとの作業に戻ろうとしても、メールをチェックする前の集中した状態には、すぐに戻れません。中断する前に考えていたことを思い出すのに時間がかかるはずです。これは、とても非効率です。

メールの処理が速い人は、このようなデスクトップ通知の機能は使いません。もしくは、メールの着信通知があっても、衝動的に見にいくようなことはしません。自制心を持って仕事にあたっているのです。

メールのチェックは、朝、昼、夕方の3回で十分でしょう。

実際、仕事を速く回す人は、返信できるタイミングにチェックして、腰を据えて一気に返信しています。言い換えれば、返信できないときには、メールチェックをしないのです。

私の場合、出社したら、届いているメールをすべてチェックします。なかには、長文のため読むのに時間がかかるなど「即レス」できないものもありますが、そうしたものは、いったん保留。すぐに返信できるメールだけを重点的に処理していきます。これで、処理すべき対象物は着実に減ります。その後、仕事の合間を縫って、保留にしたメールや新たに届いたメールの対応をするのです。

例えば、来客まで5分の空き時間があったとしましょう。5分あれば、2～3通のメールは処理できます。

このようなスキマ時間を見つけたら、能動的にメールボックスをチェックするのです。そうすれば会社を出るときには未処理メールはゼロ。これで次の日を気持ちよく迎えられます。

即レスできないメールはいったん受領の連絡をする

「そうは言っても、関係者間の調整が必要なものや、文面をじっくり考えなくてはいけないものなら、すぐに返信できないと思うのですが……」

という声もよく聞きます。

クレームのメールであれば、すぐに処理したくない、相手の怒りが収まった頃に対応したいと思うでしょう。その気持ちはよくわかります。

ただ、それでもやはり、即レスを目指しましょう。

仕事が速い人ほど、例外をつくりません。

例外をつくってしまうと、人は次第にそれを拡大解釈し始めます。

最初は限定的なケースだったとしても、「これも例外にしよう」「このメールもすぐには返信できないな」と、どんどん例外が増えていくのです。

ですから、即レスの鉄則は守り抜いてください。

クレームのメールなら、

「メールを拝見しました。このたびはご心配をおかけして申し訳ありませんでした。状況を確認の上、明日中に改めてご連絡いたします」

こんなふうに、いったん「受け止めて」から、改めて返信すればいいのです。

ただし、その場合、大切なのは〝期限〟を宣言すること。

たまに、よく思われたいのか、はっきりした見通しもないのに「本日中に……」など早めの期限を宣言する人がいますが、それはやめましょう。

関係者との調整がその日中にできる自信も保証もないのなら、少し長めに期限を設けておいて、その期限より早く返信するほうが相手の心証はよくなります。

「明後日」が期限になっていて、翌日に返事がきたら「素早い対応」だと思ってもらえますが、「本日中に」と言われて、返事がきたのが「翌日」だったら、「回答が遅れた」ことになるからです。

同じ「翌日」でも、相手に与える印象は大違いです。

何が言いたいのかわからないメールも、どう返信すべきか頭を悩ませるものです。

こういう場合、「忙しいときにわけのわからないメールを送ってくるなよ！」とイライラしがちですが、そこは気持ちを抑えて冷静に対応しましょう。

よくわからないメールが届いたら、読解力をつけるトレーニングだと思って、「○○ということでよろしいでしょうか？」と相手の意図を要約して内容の確認をすればいいのです。

セミナーや研修などでこうしたお話をすると、「趣旨確認のメールは、作成に時間がかかるので、どうしても後まわしになってしまう」という声を聞きます。

確かにそうかもしれません。

しかし、今すぐ返信しても、後で返信しても、かかる時間は同じでしょう。

それなら、今すぐ返信しませんか。実際に書いてみたら、思ったよりも早く書けたということも多いものです。

作成に時間がかかるメールを送るときは、できるだけ、こちらの意図を正しく伝えることに注力しましょう。送り手と受け手、お互いの理解を一致させて「後戻り」しないようにすることも、仕事を速く進めるためのコツなのです。

部分引用を使って素早く返信する

即レスを実現するための具体策をひとつ、ご紹介しましょう。

「部分引用」という返信法です。

返信するときには、「全文引用」と「部分引用」という2つの方式があります。

返信ボタンを押すと、受け取ったメール本文の各行頭に「>」がついた形で〝引用〟されるのはご存じでしょう。

この引用文はそのまま下に残して、自分の文章を新たに書くのが全文引用。引用文の中から必要な部分を残してコメントを挿入するのが部分引用です。

では、全文引用と部分引用では、何が違うのでしょうか。

一番の違いは、返信に費やす時間です。

左の図を見てください。

上は全文引用ですが、もともとの受信メールを読み手がまとめて、要約しています。

この形式だと、受信メールの内容を参照しながら書くことになりますから、メールを読むためにスクロールし、メールを書くために、またスクロールしなければなら

全文引用と部分引用

全文引用

日本ビジネスメール協会
平野様

いつもお世話になっております。
文響出版の田中です。

前回のメールで、平野さんは、まずは最初のプランを導入して、
その後出てきた問題をそのつど修正していけばいいのではないか、
と書かれていました。私も、その点は賛成です。
ただ、ひとつ危惧しているのは……

田中

受信したメールを
要約しなければならない

> 文響出版
> 田中様
>
> いつもお世話になっております。
> 日本ビジネスメール協会の平野です。
>
> 先日のプロジェクトの進め方に関する問題ですが、
> 私はいったん当初のプランを導入して、もし問題が発生したら、
> そのつど修正していけばいいのではないか、と考えています。

部分引用

日本ビジネスメール協会
平野様

関係のない部分は
カットできる
自分の意見は1行
空けてコメント

いつもお世話になっております。
文響出版の田中です。

> 私はいったん当初のプランを導入して、もし問題が発生したら、
> そのつど修正していけばいいのではないか、と考えています。

私も賛成です。
ただ、ひとつ危惧しているのは……

い。これは、あまり効率的ではありません。

一方、部分引用は一問一答形式になるので楽です。

前ページの下が部分引用ですが、必要な部分だけを抜粋し、それについてコメントしていきます。ですから、要約する必要がありません。

部分引用がいいのは、入力する文字数が少なくなるからだけではありません。

相手から長文メールが届いたとき、あるいは、本文中に複数の質問が含まれていたとき、全文引用だと返事に抜け漏れが出る可能性があります。

しかし、部分引用なら、本文に沿ってコメントしていくため、そのリスクはありません。

ちなみに私は、部分引用で返信をしています。

もともとは、相手のメールをしっかり読んで、自分の意見をまとめてから返信ボタンを押す、そしてもう一度引用文を読みながら、どこに何をコメントすればいいのか考えて返信する……といった方法をとっていました。

しかし、これだとメールを2回読むことになるため、時間のムダであることに気がつきました。そこで、最初に読むときに同時に返事を書いてしまえばいい、と考えたのです。

手順としてはこうです。

まず、メールを受信したら、最初の数行（要旨にあたる箇所）を読んで、返信できる（あるいは、今すぐ返信すべき）内容だということを1～2秒で確認します。

次に、「返信ボタン」を押し、引用文（受信メールの本文）を読みながら返事を書いていきます。

このとき、残す必要がない部分はカットし、相手からの質問に答えたいときやこちらから伝えたいことがあるときには、1行空けてコメントを加えます。

流れは通常の部分引用と同じですが、異なるのはメールを読む回数。

この手順だと、本文を読むのが一度で済むのです。

メールは一方的になりやすいツールです。しかし、部分引用なら、会話のように〝あいづち〟を打てるので、「一方的」というデメリットを回避できるのです。

ただし、部分引用をするときは、注意しなければならないことがあります。

それは、自分が有利になるように、都合よく相手のメールをカットしないこと。

不要な箇所はカットすべきですが、相手が伝えたかった内容のまま引用しているかどうかを確認し、前後の文脈がわかるように抜き出しましょう。

必要な箇所をカットしてしまうと、文脈が変わってしまうことがあります。相手のメールを変に切り取るのはトラブルのもとです。

CCは必要最低限にする

次は、メールの「通数」です。届くメールが半分になれば、単純に読む時間が半分になります。では、どのメールからリストラすればいいのでしょう。

手をつけやすいのが、読んでいないメルマガや参加していないメーリングリストの解除です。毎回、Deleteキーを押しているかもしれませんが、そのワンクリックがムダです。

今、読んでいないなら、思い切って解除しましょう。

また、名刺交換をしただけで届くようになった営業メールも、配信を停止します。解除方法が記載されているものは解除を依頼。解除方法が不明瞭なものや怪しい企業からのメールは、振り分け設定をしてゴミ箱行き。これで目にふれなくなるのでスッキリします。

これだけでもメールの数は減りますが、もっと効果があるものとして、「CC」のコントロールが挙げられます。

ＣＣは、直接の担当者ではない人が情報を共有するものですが、このＣＣに自分のアドレスが入っている案件が増えれば、それだけ受信メールも増えることになります。もし、あなたがリーダーの立場の人なら、ＣＣに入りすぎていないかどうか、検証してみてください。

部下としては、上司をＣＣに入れれば、情報共有や報告は楽になります。

上司にフォローしてもらうときに、流れがわかっていれば素早く対応してもらえます。また、口頭で報告すると「言った」「言わない」となることも、メールなら記録に残すことができる。だから、深く考えないで上司をＣＣに入れてしまうのでしょう。

これは、完全に「保身のためのＣＣ」です。本来は情報共有のはずですが、「見ていなくても構わないから入れておく」というのは、再考の余地ありです。

これらは、あくまでも「部下」の側の事情。上司から見れば、共有する必要のないＣＣはたくさんあります。

もちろん、「対応に不安がある」「経過を確認したい」などチェックしたい部分がある場合は、ＣＣで送ってもらうべきでしょう。

しかし、自分がチェックする必要がなくなったら、その時点でＣＣは外してもらいます。そうすれば、受信トレイが読まなくていいメールであふれることはありません。

大きなプロジェクトであれば、事前に「共有すべき人を決めておく」「報告は個別にメールする」などの基本的なルールを共有しておくことも必要です。

CCで送っていいのはどんなことか、どんなときに個別に連絡すべきかは、業務の内容や組織の規模・雰囲気によっても異なるので、一概には言えません。

ただ、何でもかんでもCCに入れることが、不要なメールの増加につながるのは間違いないでしょう。

もうひとつ、CCを乱用することのデメリットがあります。

不要なCCが送られ続けると、CCに入っている人は、「どうせ自分には関係のないメールだ」と感じるようになり、当事者意識が薄れていきます。

その結果、CCでメールが届いても読まなくなってしまうのです。

これでは、CC本来の機能が果たされません。関係者全員に目を通してもらうためにも、不要なCCは減らさなければならないのです。

最後に、CCに入っている人の「役割」についてもふれておきましょう。

ときどき、「CCに入っている人はどんな返信をすればいいのでしょう?」と聞かれることがあります。

結論から言うと、ＣＣに入っている人は、返信する必要はありません。

ＣＣに入れるのは「念のため、見ておいてください」ということだからです。

例外があるとすれば、ＴＯの受信者が不在で、代わりに対応をしなければならない場合など、一部のケースのみ。その際は、「○○がお休みのため、代わりに私が対応いたします」のように、冒頭で一言断ってから返信しましょう。

本文中で「○○さんはどう思いますか？」のように、ＣＣに入っている人にも返信を求めるメールを見かけたことがありますが、これは単に混乱を招くだけ。返信を求めるのであれば、ＴＯで送るべきです。

ＣＣは、人によってとらえ方が異なることがあります。新しいメンバーで仕事を始めるときには、使い方のルールを確認しておくことをおすすめします。

あえてメール以外の連絡手段を使う

メールの通数を減らすために、もうひとつ大事なことがあります。

それは「メール以外の連絡手段を使う」ということ。

職場によっては、同じフロアにいる人同士でも、メールでコミュニケーションすることが当たり前になっているケースがあります。

そうだとしても、「進捗を確認するミーティング、明日の13時からでいいですか?」と、あえて口頭で聞いてみる。そうすれば、「はい、問題ありません」という答えが返ってくるでしょう。ものの10秒もあれば事足ります。

これを双方がメールで行った場合、1～2分の時間が費やされることとなります。

社外の人とのコミュニケーションにも同じことが言えるでしょう。

電話で話したほうが速ければ、躊躇せずに電話を使う。

そもそも、電話を使ったほうがいいケースは、

- **即答できる用件**
- **緊急の用件**
- **相手の理解を確認しながら説明するべき用件**
- **感情的な要素が入るため、文章だけではトラブルになりやすい用件**

などです。相手からメールがきた場合でも、「電話で話したほうが速い（誤解がな

い)」と感じるときは、積極的に電話を使いましょう。

研修などで質問をしてみると、仕事が速い人ほど、電話をうまく使っていることがわかります。

メールで話がやっかいな方向に進み始めたら、いったんメールでのコミュニケーションをやめて、電話をかける。

確かに、このほうが誤解は生まれませんし、仕事も速く進みます。

出がけにメールを送らなければならない。

書き方によっては誤解を招く可能性がある。

返信がきても、すぐに対応することができない……。

このような場合も、思いきって電話をかけて伝えたほうがいいでしょう。

メールでのズレをメールで解消しようとすると時間がかかり、かえってズレが大きくなります。

誤解は未然に防ぐ。あるいは、誤解が生じたら早い段階で解決する。

これが、効率化を実現するためのコツなのです。

では、逆にメールでやりとりすべきケースとは、どんなケースでしょうか。

それは、「証拠を残しておきたい」ケースです。

相手の意見が二転三転するときや、「みなさんで合意しましたよね？」という事実を証拠として残しておきたいときは、意識的にメールを使うようにしましょう。

電話での会話は「言った」「言わない」の議論になったときに証拠を提示できませんし、対面での会話も、２人だけの場合は事実を確かめるすべがありません。

ですから、後々検証が必要になるようなことを電話で話したときには、同じ内容をメールで送っておくとよいでしょう。

どの手段でコミュニケーションをとるか——。

その判断力を磨くことも、仕事を速く回していくために必要なスキルなのです。

単語登録でスピーディーに入力する

次は、「書く」時間の短縮です。

メールを素早く作成するために、私がおすすめしているのが単語登録です。

単語登録とは、一発で変換されない語句や長いフレーズを簡単なキー操作で即座に変換できるようにする機能のこと。

単語登録の例

いつも → いつもお世話になっております。

さっそく → 早速のご連絡ありがとうございます。

ごかく → ご確認よろしくお願いいたします。

ごけん → ご検討よろしくお願いいたします。

おてすう → お手数ですが、よろしくお願いいたします。

かぶ → 株式会社文響の鈴木太郎です。

日本語入力システムのＡＯＴＫ、ＩＭＥを使っている人は、「ＣＴＲＬ＋Ｆ７」を押してください。入力窓が開きます。

例えば、「いつもお世話になっております。」という「単語」を、「いつも」という〝読み〟で登録しておけば、この3文字を打ち込むだけで、「いつもお世話になっております。」の文字がすべて表示されます。

ローマ字入力の場合、実際のタイピングで考えると、「itumo＋変換」（キータッチ6回）で「itumoosewaninatteorimasu＋。＋変換」（キータッチ26回）の文字列を表示できますから、これだけで80％ほどキータッチの回数を減らすことができます。

この機能を使いこなせれば、入力スピードは格段に速くなります。メールはもちろんのこと、文書の作成など、パソコンで文字を入力するときには共有で使えます。

単語登録のメリットは、スピードを上げることだけではありません。

打ち間違いをなくすことにもつながります。

そのつど打っていると、どうしてもタイプミスをしてしまう可能性がありますが、単語登録なら誤入力をすることはありません。

一緒に仕事をしている人の中に、漢字を一発変換できないような珍しい氏名の人がいれば、単語登録をしておくだけで、1文字ずつ漢字を変換する手間を省くことができるでしょう。

あいさつなどの定型フレーズは、数パターンを覚えて使い回せばよい、ということは5章で述べた通りです。しかし、正確に覚えるまでには、ある程度の時間がかかるでしょう。

それなら、単語登録をして冒頭の数文字だけ覚えましょう。変換候補を見れば、すぐに思い出せるはずです。

このように、タイピングスキルや語彙のバリエーションなど、習得に時間がかかるものを補ってくれるのが単語登録なのです。

テンプレートを120%活用する

「書く」時間を大幅に短縮する、もうひとつの方法がテンプレート（＝定型書式）です。

仕事の依頼や対応などで、同じ目的のメールを送ることが多ければ、テンプレートの活用が効果的です。

月に1回送っているメールをテンプレート化して使い回すことで、1種類ごとに年間30分〜1時間程度の時間が削減できます。繰り返しの業務をテンプレートで対応するだけで、ドンドン時間が生まれていくのです。

しかし、ここで注意したいのは「いかにもテンプレートです」という雰囲気を醸し出さないこと。そして、「テンプレートならではのミス」を起こさないことです。

「セミナーのお申し込みありがとうございます」
「○○の商品を発送しました」
「来月の○○会議は、○日に開催されます」

このようなメールは機能を重視すべきです。セミナーであれば、セミナーの申し込みが完了したことが伝われば十分。商品の発送であれば、何がいつ届くのかがわかれば不都合はありません。書き出しを毎回工夫する必要はありませんから、同じ文面をそのまま使いましょう。

注意すべきなのは、機械的な対応が望まれない1対1のメールです。

例えば、営業メールがこれにあたります。

「ウェブサイトを拝見してご連絡いたしました。一度ご都合のよいときにお目にかかりたいと存じます」のようなテンプレートを使えば、誰にでも同じメールを送っているような印象を与えてしまいます。

テンプレートという雰囲気がにじみ出てしまうのは、そこに1対1のコミュニケーションを前提とした〝体温〟が感じられないからです。

実際には、深く考えずにテンプレートを使用している人が多いのですが、文面に使い回している感があふれていると、真剣さを感じてもらえません。

しかし、先ほどの「ウェブサイトを拝見して……」のメールが、こんな書き方だったらどうでしょう？

「ウェブサイトを拝見し、貴社が得意とされている○○分野について、□□の観点からお役に立てるのではないかと感じました。同じ業界の△△社様での実績もありますので……」

これなら、こちらのことを十分調べた上で連絡してきたのだろうと感じます。

テンプレートを用いながらも、「あなただけに送っています」という空気を伝えることが大切なのです。

このように、工夫を凝らしたテンプレートも管理の際には注意が必要です。

気をつけたいのは、もとのメールに入っていた日付や名前、地名、金額などを変更せずにテンプレートにし、そのまま送らないこと。

このミスは、うっかりやってしまいがちですが、ミスのレベルとしては致命的です。

こうしたミスは、テンプレートをつくるときに適宜アレンジすることによって防げます。

相手のパーソナルな情報や日付、金額など、そのつど変更になる部分を〝●●●〟と伏せ字にして、「テキストファイル」でテンプレートを作成するのです。

保存するときに〝○○○〟と伏せ字にする人もいますが、これでは目立たないため見逃すことがあります。●■のように、黒く塗りつぶされた記号を使ってください。
そして、使用するときには、〝●●●〟を修正してから送信する。

過去のメールをそのまま利用すると、修正漏れが発生し、謝罪などにムダな時間を費やすケースが多いのです。その点、テキストファイルでテンプレートをつくることを徹底すれば、修正漏れのリスクを大幅に回避することができるでしょう。

テンプレートはメールの本文すべてのことだと思われがちですが、最寄り駅から自社までの道順など、書き換える必要のない情報をパーツとしてテンプレートにすることもできます。

会社までのアクセスを伝えたいとき、最寄り駅からの道順をいちいち入力するのではなく、該当箇所にパーツのテンプレートを貼り付ければ、道順案内のメールが完成するというわけです。「お目にかかれることを楽しみにしております」という1文を添えて、このメールを送るだけで、好感度はかなり上がるでしょう。

各種のテンプレートを整備して、部署内で共有しているケースもあります。

テンプレートを活用すれば、メールの作成時間の短縮と業務の品質向上が同時に実現でき、一石二鳥かもしれません。

キーワードを拾って速読する

最後は、「読む」時間の短縮です。

処理時間を減らそうとするとき、どうしても文章を「書く速度」に意識が向きがちですが、一方で「読む速度」のことも考えなければいけません。

1通のメールが届いて、それに返信するまでの時間の中には、相手からのメールを読む時間も含まれているからです。

メールを読む速度を上げるためには、まず、集中できる作業環境をつくること。

例えば、パソコンの周辺に余計なものが出ていないように片付ける。

1章でもふれましたが、メールが速い人ほど机の周辺がよく片付いています。

メールを読んでいるときに、卓上カレンダーや予定をメモした付箋など、メール以外の文字情報が視界に入ると、気が散ってしまうからです。

また、机の上が乱雑で、資料が山積みになっている場合も、それらに気を取られて集中力が低下する可能性があります。心あたりがあるようでしたら、机まわりの環境整備から始めましょう。

文章を素早く読む技術としては「速読」が知られていますが、速読では数行分の内容を一気に理解するトレーニングをします。キーワードを拾いながら、流し読みしていくのです。

この方法を利用して、書かれていることを素早く理解する練習をしてみましょう。ビジネスメールは小説ではないので、書かれていることを一字一句味わう必要はありません。むしろ流し読みをして、要点をつかむことのほうが大切です。

ですから、「宛名」や「あいさつ」「名乗り」など、本題とは直接関係のない部分については、読み飛ばしても構いません。1秒見る程度でいいのです。

たとえ1秒でも、通常とは異なる書き方がされていれば違和感を覚えるはず。そのときに、気になった部分をしっかり読めばいいのです。

最初は、大事なことがどこに書かれているのかわからないかもしれませんが、続けていくうちに、数秒で大意をつかめるようになります。また、不要な部分を読み飛ばすこともできるようになります。

速読するためには周囲の協力が不可欠です。

あなたのもとに届くメールが、3章で解説した「7つの構成要素」を意識したメールだったら、どうでしょう？

要旨と詳細を読むだけですから、速読しやすいのではないでしょうか。

周囲の人に「７つの構成要素」を教えて、それをメールに取り入れてもらうことも、自分が速読しやすいメールを受け取ることにつながるのです。

おわりに

最後までお読みいただき、ありがとうございます。

本書を読む前は「仕事が速い人」にあこがれていたという人も、読み終わった今、「これなら自分にもできるかもしれない」と思っていただけたのではないでしょうか。

最後に、私のほうからいくつかお願いしたいことがあります。

まず、本書の内容を実践するときは、スピードとともに「質」を意識することを忘れないでください。

いくらメールが速くなっても、質の悪いメールを量産することになっては意味がありません。

仕事が速い人は、単にメールをスピーディーに送れるだけではなく、高い質をキープしようとしています。みなさんにはその能力を身につけていただきたいのです。

また、本書のノウハウには即効性があるものもありますが、一方で、効果が出るまでに2～3週間かかるものもあります。

焦りは禁物です。手応えを感じるまでは、本書をデスクの横に置いて、必要に応じて読み返すようにしてください。

次に、この本を読んだことをきっかけにして、周囲の人とメールについて考える機会をつくってほしいのです。

最終章でもふれましたが、ご自身のメールのスキルを上げるだけなら、まだ道半ばです。なぜなら、残りは周囲から届くメールの改善によって達成されるからです。

あなたの部下から、要点のまとまったメールが届いたとしたら、どうでしょう。

当然、読む速度が上がり、時間を短縮することができます。不要なメールが届かなくなれば、トータルの処理時間を減らすことができるでしょう。

ですから、本書でご紹介してきた内容をもとに、まわりの人とメールについて話してみていただきたいのです。

最後は、仕事が速くなってからの話です。

本書では、メールに関して多くのテクニックをお伝えしてきました。

このテクニックを使えば、1日30分は確実に時間を短縮できます。1年間に250日働くとすると、125時間（約15営業日）の削減が可能になるわけです。

さて、問題は、この時間をどう使うのか？

もちろん、本来やるべきメール以外の業務に充当するのもいいでしょう。

資格や語学の勉強など、自分自身に投資するのもいいかもしれません。あるいは、家族のもとに早く帰るなど、よりよい生活を送ることに使ってもいいのです。

いずれにせよ、取り戻した時間を有意義に使ってください。

この3つが、私からのお願いです。

みなさんから、「メールに費やしていた時間が減りました」という報告が届くのを楽しみにしています。

平野友朗（ひらの・ともあき）

一般社団法人日本ビジネスメール協会　代表理事

株式会社アイ・コミュニケーション　代表取締役

筑波大学卒業後、広告代理店勤務を経て2003年に独立。メールマナーに関するメディア掲載400回以上、著書24冊のビジネスメール教育の第一人者。ビジネスメール教育に力を入れる官公庁、企業、団体、学校へのコンサルティングや講演・研修は年間100回を超える。メールのスキルアップからメールの効率化による業務改善まで、幅広いテーマの指導を実施中。これまでに1万通以上のビジネスメールを添削してきた経験から、メールを使った効率的な仕事術を研究し、普及に努めている。

著書に『カリスマ講師に学ぶ！　実践ビジネスメール教室』『ビジネスメールの常識・非常識』（ともに日経BP社、共著）、『これですっきり！ビジネスメールのトラブル解消』（日本経済新聞出版社）、『誰も教えてくれなかった ビジネスメールの書き方・送り方』（あさ出版）など多数。

仕事が速い人はどんなメールを書いているのか

2017年 3 月21日　第1刷発行

2023年 7 月13日　第7刷発行

装丁　大場君人

イラスト　たきれい

編集協力　栗原貴子　直井章子

編集　木田秀和

発行者　山本周嗣

発行所　株式会社文響社

〒105-0001　東京都港区虎ノ門2-2-5 共同通信会館 9F

ホームページ　http://bunkyosha.com

お問い合わせ　info@bunkyosha.com

印刷・製本　中央精版印刷株式会社

ISBNコード：978-4-905073-78-9 Printed in Japan

この本に関するご意見・ご感想をお寄せいただく場合は、郵送またはメール（info@bunkyosha.com）にてお送りください。